无远弗届

◀ 国际政治社会学的视野 ▶

FROM THE PERSPECTIVE OF
INTERNATIONAL POLITICAL SOCIOLOGY

陈雪飞 著

当代世界出版社
THE CONTEMPORARY WORLD PRESS

本书获外交学院中央高校基本科研

业务费专项资金资助，特此感谢。

序

三十年前，世界格局风云变幻，两大阵营对峙结束，借以界定自身的对立面不复存在，对“我们是谁”、后冷战世界何去何从的追问弥散各国，无论“一个世界论”、“两个世界论”、“民族国家论”、“大混乱论”还是“文明冲突论”，都意识到世界政治进入了一个新时代，身份、边界、流动、性别、宗教、健康、安全、秩序、环境、金融、发展、不平等、信息技术等社会、文化、经济、政治问题越来越全球化，旧的国际关系理论、政治学理论的解释力捉襟见肘，人文社会科学开始打破学术门户藩篱，形成了不同学科交织互嵌的会通大潮，涌现出政治学本土化、法治的本土资源论、法律与文学的批判理论、政治经济哲学、政治人类学、国际体系的建构理论等一系列跨学科融合现象。

国际政治社会学正是这大潮中不可小觑的一条支流。随着冷战对峙格局的瓦解，美国实力保障下的欧洲和平内部暗潮涌动，军事对抗、战略威慑等传统国际议题逐步式微，过去被遮蔽的非法移民、政治难民、国际公民身份、核武器扩散、种族冲突、国际犯罪、宗教冲突、国家弱化、能源危机、经济衰退等失控、混乱现象日渐凸显，在很大程度上左右了21世纪初世界政治走向的“9·11”事件，也强化了各国对恐怖主义、极端主义、分离主义等内外困境的关注。在这些因素的推动下，人们开始反思国际政治研究中深受冷战意识形态影响、视角狭隘的“美国主义”和“美国学派”，欧洲学者酝酿出与之分庭抗礼的“欧洲主义”和“欧洲学派”，并注重运用不同学科的交叉视角理解影响欧洲和全球未来发展的传统及非传统议题，国际政治社会学应运而生。

国际政治社会学的代表人物包括法国巴黎政治学院和英国伦敦国王学院国际关系教授迪迪埃·比戈、加拿大维多利亚大学政治学教授罗博·沃克（Rob B. J. Walker）、加拿大女王大学社会学教授大卫·里昂（David Lyon）、丹麦哥本哈根大学法学教授米卡尔·麦德森（Mikael Rask Madsen）等人。比戈将国际政治社会学的起源追溯至20世纪90年代的欧洲安全与欧洲未来大辩论，大辩论孕育了“欧洲主义”的三大学派：“威尔士学派”、“哥本哈根学派”和“巴黎学派”。[1]三大学派以英国、丹麦、法国为“根据地”吸引了来自世界各地的研究人员，致力于汲取社会理论和社会学的知识养分，拓宽国际政治研究的视野、范式和领地，因此都带有明

〔1〕 Didier Bigo, “International Political Psychology”, in Paul D. Williams (ed.), *Security Studies: An Introduction*, Oxford/New York: Routledge, 2008, pp. 116-129.

显的社会学特征。其中，“威尔士学派”深受法兰克福学派批判理论的影响，他们将国家视为问题所在，强调人的解放是安全研究的依归。“哥本哈根学派”秉持建构主义视角，将安全重构为具有“主体间性”的安全，认为安全本质上是一种社会认知。“巴黎学派”则长期浸润在法国社会学传统之中，认为安全不仅是国家之事，更产生于日常实践。三大学派互动颇多，并以“巴黎学派”的社会学特征最为鲜明。2006 年，来自世界各地的 20 多名学者，其中包括三大学派的不少成员，组建了“欧洲批判安全研究会”，共同发布了《欧洲的批判安全研究共同宣言》,[1] 希望从国际政治社会学出发重设国际关系，尤其是安全研究的学术议程。

2007 年，比戈和沃克等人创办了《国际政治社会学》期刊（International Political Sociology，IPS），这是“国际政治社会学”跻身国际关系分支学科的开端。十多年来，IPS 成为一面旗帜，吸引了一批学者投身于国际政治社会学研究。2010 年，英国赫尔大学社会科学系教授迈克尔·德雷克著书讨论全球化世界的政治社会学问题。[2] 2013 年，德国比勒费尔德大学国际关系教授马蒂亚斯·艾伯特与英国伦敦政治经济学院国际关系教授巴里·布赞等人出版著作，运用

---

〔1〕 Critical Approaches to Security in Europe Collective, “Critical Approaches to Security in Europe: A Networked Manifesto”, *Security Dialogue*, 37 (4), 2006, pp. 443-487.

〔2〕 Michael S. Drake, *Political Sociology for a Globalizing World*, Cambridge: Polity Press, 2010.

德国社会学家卢曼的功能分化理论，分析了世界政治的历史、现状与未来。[1] 2017年，IPS创刊十周年之际，比戈与英国肯特大学的图格巴·巴萨兰等人主编了《国际政治社会学》一书，概括了十年间的学科发展。[2] 同一年，荷兰格罗宁根大学的泽维尔·纪尧姆（IPS编委）与土耳其比尔肯大学的皮纳尔·比尔金（IPS副主编）主编了《国际政治社会学手册》。[3] 2018年，希腊雅典派迪昂政治经济大学的安德烈亚斯·戈法斯与英国剑桥大学的伊娜娜·哈马蒂-阿塔亚等人主编了《国际关系的历史、哲学与社会学手册》，[4] 等等，不一而足。

这些学者认为，越来越多的国际问题、全球议题已经超出了现有国际关系学科的解释力，因此希望从社会学中寻找新灵感、新理论、新视角、新范式、新议程，而国际政治社会学的创立就是这种共识的产物。当然，这并非社会学与国际关系的第一次握手，国际关系研究乃至整个广义政治学一直都受惠于社会学。马克思、韦伯、涂尔干等社会学大家对

---

[1] Mathias Albert, Barry Buzan & Michael Zürn, *Bring Sociology to International Relations: World Politics as Differentiation Theory*, New York: Cambridge University Press, 2013.

[2] Tugba Basaran, Didier Bigo, Emmanuel-Pierre Guittet & R. B. J. Walker, *International Political Sociology: Transversal Lines*, London and New York: Routledge, 2017.

[3] Xavier Guillaume & Pinar Bilgin, *Routledge Handbook of International Political Sociology*, London and New York: Routledge, 2017.

[4] Andreas Gofas, Inanna Hamati-Ataya & Nicholas Onuf, *The Sage Handbook of the History, Philosophy and Sociology of International Relations*, London: Sage Publications, 2018.

众多国际关系经典著作影响颇深，正如艾伯特、布赞等人所指出的，[1] 赫德利·布尔（Hedley Bull）的“国际社会”、卡尔·多伊奇（Karl Deutsch）的“沟通”与“共同体”、莫顿·卡普兰（Morton Kaplan）的“系统分析”理论都是对社会学关键概念的借用，社会学制度主义也被视为建构主义国际关系理论的支柱。以 1872 年成立的法国巴黎政治学院为代表的一大批欧洲大学也一直坚持用社会学研究政治学和国际关系的传统，并在过去近二十年中出版了五十余本国际政治社会学领域的著作。尽管如此，社会理论和社会学视角对国际关系研究的重要性显然仍未得到充分说明，特别是国际关系、政治学和社会学视角如何有机结合而非简单黏合依然有待探究。[2] 作为一种思考方式，国际政治社会学直指国际关系理论的核心假设，即后冷战时代世界政治和国家间关系格局究竟是帝国主义、民族主义的还是世界主义、全球主义的，主权国家内部与主权国家体系内部的政治生活结构既不完全脱节又存在明显裂痕的复杂关系，究竟是社会在国家中、国家在社会中还是国家与社会相互嵌合，无论在国内政治、国际政治和思想方式上，这些都是需要处理的根本议题，也是本书勾勒的国际政治社会学知识地图的重要部件。

---

〔1〕 Mathias Albert, Barry Buzan & Michael Zürn, *Bring Sociology to International Relations: World Politics as Differentiation Theory*, New York: Cambridge University Press, 2013, p. 1.

〔2〕 Didier Bigo & R. B. J. Walker, “Editorial: International, Political, Sociology”, *International Political Sociology*, 1 (1), 2007, pp. 1–5.

本书秉持社会学视角，从“超国家化对现代国家的挑战”出发，探讨由此形成的一系列国际政治社会学的研究议程，进而在四个支点上建构本书。“作为全球治理术的自由主义”梳理了自由主义作为生命政治的权力配置的生成与演化；“信息乌托邦”分析了现代社会对于网络空间的技术治理理念和理据，这两部分讨论的是“治理的配置学”。“人与自然的生命共同体”从布鲁诺·拉图尔（Bruno Latour）的行动者网络理论切入，探询人和自然究竟应该遵循什么样的秩序规则；“个人的即政治的”则从性别的角度展现治理配置的超越性基础，讨论的是“秩序的谱系学”。“隐匿的发展叙事”讨论了科学和帝国之间的关系，分析西方帝国如何借助科学开疆拓土、传播所谓的基督教文明，如何借助科学来控制殖民地，又如何依托自然和社会科学来塑造并维护其颇具扩张性的文化霸权；“全球意识形态地理”则通过展现西方社会的保守派困境，探究了当代保守主义与自由主义的正当性危机之源，讨论的是“正当性的考古学”。“通过医学的治理”通过厘清医学权威与健康政治之间的关系，揭示医学权威如何在国内和国际系统中行使其权力能力，又创造出什么样的政治空间及其遭遇的现实困境，讨论的是“主权的机制学”。

当然，这四大议程并非泾渭分明，而是彼此重叠交织。本书的讨论也远非尽善尽美。但是，社会学的想象力无远弗届。面对各种具有高度复杂性、流动性和不确定性的“超国家化挑战”，“把社会学带回来”，绘制一幅国际政治社会学的知识地图，可以更好地识别问题、界定困境、配置资源、构想政治、理解世界，可以更好地阐释社会变迁、国家发展和世界衍变，进而发展出能够回应时代问题、适应时代需求并为大多数人的困惑找到答案的思想、理论和战略。

目 录

“超国家化”的兴起：现代国家与全球治理

三十年前，世界格局风云突变，两大阵营对峙结束，欧洲视角下的“短二十世纪”终结，化身“新罗马”的美国开始填补苏联留下的权力真空，众多亚非拉国家“新桃换旧符”，刚刚“回归国家”的政治学研究再次陷入对国家何去何从的沉思。[1] 一张“超国家化”的巨幕在后冷战时代的世界各地徐徐拉开，核威慑战略下的军事对抗式微，美国实力保障下的欧洲势力均衡体系暗潮涌动，欧盟成员国的主权向上转移，美国的权威从政府向市场倾斜，转型国家的权力向全球化的市场和帝国化的美国让渡，[2] 看似固若金汤的传统大国饱受恐怖主义、极端主义、分离主义侵蚀，现代国家遭遇越来越多疾病、安全、环境、金融、发展等领域的“超国家困境”。

---

〔1〕 Stephen R. Graubard, “Preface to the issue ‘What Future for the State?’”, *Daedalus*, 124 (2), 1995, pp. V-XXIV.

〔2〕 Susan Strange, “The Defective State”, *Daedalus*, 124 (2), 1995, pp. 55-74.

一、全球治理时代的“超国家化”现象

“超国家化”原本是欧洲语境下的国际现象，其定义莫衷一是，有人用它指称以国际规则的约束力为前提的“治理模式”，[1] 有人用它描述以超越民族国家的共同利益为考量的一种“心理偏好”，[2] 还有人将其视为将分析单位和行动层级从国家转向“超国家组织”的一种趋势。[3] 不过，可以肯定的是，在政治、经济、法律和文化全球化的推动下，“超国家化”已经从欧洲语境下的国际现象变成了世界性的全球现象。“超国家化”不再是国际的（international），而是跨国的（transnational）；[4] “超国家化”也未必就是全球化的，但常常是区域性的、全球性的，也可能是场域化的或地方化的。因此，“超国家化”在最宽泛的意义上意味着，

---

〔1〕 Mathias Albert, Barry Buzan & Michael Zürn (eds.), *Bring Sociology to International Relations: World Politics as Differentiation Theory*, New York: Cambridge University Press, 2013.

〔2〕 Jakob Lempp & Janko Altenschmidt, “Supranationalization through Socialization in the Council of the European Union”, conference paper for *European Union Studies Association*, 2007, http://aei.pitt.edu/7949/.

〔3〕 Ludger Pries, “The Spatial Spanning of the Social Transnationalism as a challenge and chance for social sciences”, Paper presented at the *International Workshop Transnationalism: New Configurations of the Social and the Space*, 2002, https://www.ruhr-uni-bochum.de/transnet/workshops/.

〔4〕 关于“国际的”与“跨国的”区分，参见［美］克雷格·卡尔霍恩、黄平：《全球化研究的思考与问题》，载《社会学研究》2001年第3期，第118—124页。

面对各种超越国家传统边界的区域问题和全球问题，国家不得不从区域乃至全球维度上识别问题、界定困境、寻求解决之道的政治现象。

作为现代国家处理“超国家挑战”的传统思想资源，国家理论通常以西欧北欧早期现代民族国家的国家形成与国家建构为蓝本，[1] 基于行动者、理性、文化、制度或结构等视角，考察国家的特性、能力和正当性。[2] 因此，国家理论主要是一种以国家为中心的内部视角，旨在探究国家如何像一个孩子那样孕育成长，如何从四分五裂、一盘散沙的前现代国家成为团结凝聚、理性成熟的强大现代国家，如何从政治经济的跟随者变成先行者，如何从文化心灵的被动依附迈向自主自觉。国家理论仍然有很强的解释力，但也可能会在某种程度上忽视国家以外的社会群体、外部势力或世界格局的结构性压力，从而难以更切实地界定和处理现代国家遭遇的外部挑战。

晚近三十年来，“超国家化”愈加呈现出复杂性、流动性和不确定性，这促使人文社会科学打破门户窠臼，推动不同学科的互鉴互通，政治学本土化、政治人类学、国际体系的建构理论等新研究路径汇聚成学科融合的大潮。作为识别

---

〔1〕 Tuong Vu, “Studying the state through state formation”, *World politics*, 62 (1), 2010, pp. 148–175.

〔2〕 John P. Nettl, “The state as a conceptual variable”, *World politics*, 20 (4), 1968, pp. 559–592; Karen Barkey & Sunita Parikh, “Comparative perspectives on the state”, *Annual Review of Sociology*, 17 (1), 1991, pp. 523–549.

和理解“超国家化”与现代国家之关系的外部视角，国际政治社会学是其中一股不容小觑的支流。国际政治社会学源于20世纪90年代对“欧洲安全与欧洲未来”的大辩论，这场大辩论孕育了“欧洲主义”三大学派：“威尔士学派”、“哥本哈根学派”和“巴黎学派”,〔1〕它们引领来自世界各地的学者汲取社会理论的知识养分，发挥社会学的想象力，拓宽国际政治研究的领地。2007年，国际政治社会学的代表人物，法国巴黎政治学院与英国伦敦国王学院国院际关系教授迪迪埃·比戈同加拿大维多利亚大学政治学教授罗博·沃克等人创办了《国际政治社会学》期刊，以此为旗帜，吸引了一批学者投身于国际政治社会学。

在国际政治社会学者看来，越来越多影响乃至左右现代国家的区域问题、全球问题已经超出现有政治学与国际关系理论的解释力，因此需要反思深受冷战思维影响的“美国主义”和“美国学派”，汲取同源学科领域尤其是社会学的丰富理论与方法资源，比如政治人类学对人类生存处境的思考、政治社会学的权力机制分析、历史社会学的全球域分析、从国际政治转向世界政治的国际关系理论、女性主义的“个人的即政治的”观念，以及更有针对性的法兰克福学派的批判理论、法国社会学家皮埃尔·布迪厄（Pierre Bourdieu）的场域化实践理论、布鲁诺·拉图尔的行动者网络理

〔1〕 Didier Bigo, “International Political Psychology”, in Paul D. Williams (ed.), *Security Studies: An Introduction*, Oxford/New York: Routledge, 2008, pp. 116-129.

论、米歇尔·福柯（Michel Foucault）的生命政治理论，还有德国社会学家尼克拉斯·卢曼（Niklas Luhmann）的功能分化理论等。简言之，国际政治社会学主张把社会学重新带入政治学与国际政治分析，运用不同学科交叉融合的视角，寻找新灵感，设置新议程。

当然，这并非社会学与政治学和国际关系研究的第一次握手。社会理论堪称“政治理论之父”。一百多年前，欧洲社会理论对现代社会的探寻催生了现代政治学，[1] 并衍生出比较政治、政治学理论、政治经济学和区域国别研究等分支学科。[2] 一百年后，“回归社会学”，站在政治学、国际关系、社会学等多学科视角交叉点上的国际政治社会学，以“反学科本位主义”和“反方法论本位主义”的整合研究视角，将更多目光从美国投向欧洲、亚洲、非洲和拉丁美洲，揭示现代国家在后冷战时代面临的各种“超国家化”的现实挑战。

作为揭示“超国家化”如何挑战现代国家的一种外部视角，国际政治社会学可以帮助人们反思习以为常的基础概念和研究假设，进而形成更丰富的分析维度去认识现实世界，这主要表现在如下四个方面。首先，在分析层次上，从过度

---

〔1〕［美］多萝西·罗斯：《美国社会科学的起源》，王楠、刘阳、吴莹译，生活·读书·新知三联书店 2018 年版，第一章。

〔2〕［美］塞缪尔·亨廷顿：《导致变化的变化：现代化，发展和政治》，载［美］西里尔·E. 布莱克编：《比较现代化》，杨豫、陈祖洲译，上海译文出版社 1996 年版，第 39 页。

聚焦“高政治”转向更重视过去被遮蔽的“低政治”；其次，在分析单位上，从单纯注重领土边界转向更重视人、事物、身份认同、组织网络、权力机制及其相互联系；再次，在研究对象上，从过于偏重国家转向更重视有组织的多元权力空间对国家的挑战；最后，在研究假设上，从抽象地理解国家、社会和国际关系原则，转向更具体地探究日常政治实践中的人、行为、地方，[1] 以及世界社会内部并存互联的国际行动者的动力机制。[2] 更进一步而言，国际政治社会学的核心关切，正是主权国家内部与主权国家体系内部的政治生活结构之间既不完全脱节又存在明显裂痕的复杂关系。究竟是社会在国家中、国家在社会中还是国家与社会交织互嵌，这既是政治学和国际政治研究的一大核心假设，也是理解“超国家化”对现代国家的挑战的一个根本出发点。很明显，无论内部视角还是外部视角，国家仍然是至关重要的分析单位。因此，下文将基于学界使用最广泛的经典国家定义，初步探讨“超国家化”对现代国家的主要挑战。

---

〔1〕 Christine Sylvester, *Feminist International Relations*: *An Unfinished Journey*, Cambridge: Cambridge University Press, 2002, p. 3.

〔2〕 Didier Bigo, “International Political Sociology: Rethinking the International through Dynamics of Power”, in Tugba Basaran, Didier Bigo, Emmanuel-Pierre Guittet & R. B. J. Walker (eds.), *International Political Sociology*: *Transversal Lines*, London and New York: Routledge, 2017, p. 33.

二、"超国家化"对现代国家的挑战

马克斯·韦伯没有自己的国家理论,[1] 却作出了学术界沿用至今的经典国家定义:国家是在特定领土与人口之上垄断合法暴力的行使权,并谋求支配正当性的人类共同体。[2] 现代政治学诞生百余年以来,大多数政治学者都是在韦伯的国家定义基础上继续丰富其内涵、延展其外延、思考其边界、探讨其困境,进而发展出不同取向的国家理论。[3] 在国际政治社会学视角下,在领土、对象、权威以及正当性等国家基本要素上,"超国家化"对现代国家的挑战更加清晰可见了。

---

〔1〕 参见 Andreas Anter, *Max Weber's theory of the modern state: origins, structure and significance*, London: Palgrave, 2014。

〔2〕 [德] 马克斯·韦伯:《学术与政治》,钱永祥等译,广西师范大学出版社 2010 年版,第 204—205 页。

〔3〕 Joel S. Migdal, "Studying the State", in Lichbach Mark Irving & Alan S. Zuckerman, *Comparative politics: Rationality, Culture, and Structure*, New York: Cambridge University Press, 1997, pp. 208-235; Joel S. Migdal, "Researching the State", in Lichbach Mark Irving & Alan S. Zuckerman, *Comparative politics: Rationality, Culture, and Structure* (2nd ed.), New York: Cambridge University Press, 2009, pp. 162-192.

（一）边界既在领土之内又在领土之间

政治向来被视为以国家为核心的统治技艺或科学实践，[1] 传统政治学和国际关系理论均以秩序、安全、主权、权力等本体论概念为价值目标，[2] 但又分别重在解释领土之内的国家行为和领土之间的国际互动或国际体系的实际运行。国际政治社会学者注重既在领土之内又在领土之间的“政治化”或“非政治化”的建构过程，[3] 强调人与自然、政治与世界之间的复杂关系左右着各种“超国家化”要素，进而挑战着以清晰固定的边界为前提的“领土国家”，挑战着以西欧北欧早期现代国家为范本的“主权国家”。

“领土国家”一向被视为现代政治世界中最重要的行为体。作为“领土国家”，现代国家需要确保领土主权，需要

---

[1] Garrett W Brown, Iain McLean & Alistair McMillan, *A Concise Oxford Dictionary of Politics and International Relations* (4th ed.), New York: Oxford University Press, 2018.

[2] Anthony Burke, "International Political Theory", in Xavier Guillaume & Pinar Bilgin (eds.), *Routledge Handbook of International Political Sociology*, London and New York: Routledge, 2017, pp. 62–63.

[3] Didier Bigo, "International Political Sociology: Rethinking the International through Dynamics of Power", in Tugba Basaran, Didier Bigo, Emmanuel-Pierre Guittet & R. B. J. Walker (eds.), *International Political Sociology: Transversal Lines*, London and New York: Routledge, 2017, p. 33.

处理内外关系，需要国家恰好容纳社会。〔1〕也就是说，不是国家在社会之中或社会之上，也不是社会在国家之中或国家之上，而是国家与社会的边界完全重叠，这很明显是以领土边界为前提的。如果人们的视角陷入这种“领土思维陷阱”，〔2〕就会忽视下述事实：虽然现代国家大多有领土边界，但晚近两百余年来的领土国家往往不是自然形成的。当代世界不仅有索马里这种所谓的“失败国家”，有巴勒斯坦这类领土不清的“非正式国家”，不少大国与其邻国之间的边界也并不完全清晰固定，国家间的领土争端时有发生，国家也并不是社会的严格容纳器，一国内部的多民族、多阶层、多元权力形态都是社会的容纳器，一个民族也可能超越国家边界成为跨国的社会存在。与此同时，全球化也推动着人、商品、资本、资源、文化、知识、信息和技术超越国家领土边界，在某种跨国空间或地理网络中高度流动。

“主权国家”这一理想型也颇受挑战。自博丹起，主权概念在理论上更丰富了，在实践中也更多变了。首先，并非所有称为国家的政治实体都拥有同等的主权，相当多的国家一直处于主权残缺、主权能力匮乏乃至半主权状态，德国、

---

〔1〕 John Agnew, “Continuity, Discontinuity: Insight for International Political Sociology from Political Geography”, in Tugba Basaran, Didier Bigo, Emmanuel-Pierre Guittet & R. B. J. Walker (eds.), *International Political Sociology: Transversal Lines*, London and New York: Routledge, 2017, p. 54.

〔2〕 Anthony Burke, “International Political Theory”, in Xavier Guillaume & Pinar Bilgin (eds.), *Routledge Handbook of International Political Sociology*, London and New York: Routledge, 2017, p. 65.

日本、韩国等国家的军事主权明显残缺不全；巴勒斯坦、叙利亚、以色列等要么缺少控制领土的能力，要么缺乏高效的官僚机构，要么缺少本国民众的认受或他国的承认；还有不少第二次世界大战后独立的前殖民地国家长期受制于原殖民强权，比如吉布提之于法国。在信息技术支撑的网络空间中，事实上也只有一个“主权国家”即美国，所有接入美国享有支配权的“国际互联网”的其他国家实际上很难拥有“信息主权”，俄罗斯因此建构了“主权互联网”，谋求在与“国际互联网”断开连接的情况下，仍能保障领土之内信息基础设施的正常运行。其次，许多国家已不再拥有绝对主权，而是让渡了部分主权给超国家的政治经济联合体，比如欧盟、东盟及各种区域性的国际经贸或政治组织。再次，一些非国家机构或组织却享有某种实质意义上的“主权”，如标准普尔等信用评级机构对主权国家的评级权；还有一些跨国非政府组织借助专门知识、专业能力、客观立场等获得主权授权，通过某种不以领土控制为前提的地理网络来行使主权。〔1〕19 世纪末 20 世纪初，莱昂·狄骥（Léon Duguit）、哈罗德·拉斯基（Harold Laski）等早期公法与政治学者提出过一种“主权转移论”，即主权在特定领土之内的不同组织或集团之间流转，国家只是其中之一，这种超越领土边界的

〔1〕 John Agnew, “Continuity, Discontinuity: Insight for International Political Sociology from Political Geography”, in Tugba Basaran, Didier Bigo, Emmanuel-Pierre Guittet & R. B. J. Walker (eds.), *International Political Sociology: Transversal Lines*, London and New York: Routledge, 2017, p. 57.

主权流转现象在当代更常见了。

20世纪90年代以来，政治学与人类学融合而成的政治人类学、[1] 从世界政治角度来理解国际关系的“哲学人类学”等,[2] 都希望在全球尺度上重视作为日常生活实践的政治，反思以国家为核心的政治学与国际关系学的视角缺陷，进而探究现代国家面临的挑战及其对人类生活境况的影响。国际政治社会学尤其把“地方”和“世界社会”作为概念工具，观察既在领土之内又在领土之间的“超国家化”如何挑战现代国家。

“地方”最初是指地理上的空间分布，在一些非英语环境中也被用来指称领土，在强调行动者能动性的人文主义地理学和强调文化自觉的学术思想中被称为“本土”；强调殖民主义、资本主义、帝国主义等宏观结构塑造力的马克思主义地理学，将其视为全球资本主义闭合链条中的一环；吉登斯（Anthong Giddens）的结构主义观念则将其引向因应人类实践变化的能动者-结构关系。[3] 简言之，“地方”发生了某种进步主义的空间转换：从强调本质、一致、单一认同、

---

〔1〕 James C. Scott, *Seeing Like a State: How Certain Schemes to Improve the Human Condition Have Failed*, New Haven: Yale University Press, 1998.

〔2〕 David Campbell, “Political Prosaics, Transversal Politics, and the Anarchical World”, in Michael J. Shapiro & Hayward R. Alker (eds.), *Challenging Boundaries: Global Flows, Territorial Identities*, Minneapolis: University of Minnesota Press, 1996, pp. 7-32.

〔3〕 参见王志弘：《领域化与网络化的多重张力：“地方”概念的理论性探讨》，载《城市与设计学报》2015年第7期，第78页。

固定边界，转向强调建构、差异、断裂冲突、开放流动。[1]这正呼应了德国社会学家乔治·齐美尔（Georg Simmel）的观点，他认为社会群体是通过建构边界得以形成社会空间并区分你我的，这一社会化过程正是政治场所的意义所在。[2]因此，地方既可以受限于也可以超脱于空间，既可以被划入领土之内也可以超越领土边界，进而形成超越性的新社会政治空间，人们在其中以某种超越性的意识形态或权益性的价值目标为旗帜建立政治认同，通过批判性的公共舆论谋求正当性，女权主义者就是这样寄望于全世界受男权体制压迫的女性联合起来改造性别关系。晚近三十年来，“地方性”、“本土化”逐渐成为在世界政治经济格局中处于劣势的国家主张发展道路自主性的重要思想武器。

比“地方”更进一步的是人们对“世界社会”的想象，同样对现代国家构成某种不容忽视的挑战。马克思和恩格斯曾经构想过一种“世界市民社会”，尽管这个社会仍需对外表现为民族、对内表现为国家，[3]但它追求通过无产阶级

---

〔1〕 Doreen Massey, "Power-geometry and a Progressive Sense of Place", in Jon Bird, Barry Curtis, Tim Putnam, George Robertson & Lisa Tickner (eds.), *Mapping the Futures: Local Cultures, Global Change*, London: Routledge, 1993, pp. 66-68.

〔2〕 John Allen, "On Georg Simmel: Proximity, Distance and Movement", in Mike Crang & Nigel Thrift (eds.), *Thinking Space*, London: Routledge, 2000, pp. 54-70.

〔3〕［德］马克思、恩格斯：《德意志意识形态》，载中共中央马克思、恩格斯、列宁、斯大林著作编译局编：《马克思恩格斯选集》（第1卷），人民出版社2012年版，第211页。

革命实现人人平等，并把每个人的自由全面发展作为所有人自由全面发展的前提条件。[1] 哈贝马斯等学者将马恩的这个构想改造为：既在民族国家之中又超越国家边界，在全球范围内发挥作用的“市民社会”。[2] 国际关系英国学派的代表人物赫德利·布尔进一步提出世界社会的蓝图，其成员是地球上的每个人，其正当性在于追求实现全人类的共同价值目标。人们对“世界社会”的直观体验则经历了从空间维度到时间维度的转变。伊曼纽尔·沃勒斯坦（Immanuel Wallerstein）[3] 认为，世界社会形成于1450—1640年间世界范围内的大分工时期，它确定了世界各大地区之间的经贸往来。1884年华盛顿国际经度会议将世界划分为24个时区，让物理分隔的人类行动得以精确协调，时空分离成为吉登斯所言的现代性动力，[4] 现代意义上的世界社会通过对时间的治理有了雏形。信息基础设施和交通基础设施的飞速发展进一步改变了时空观念，让世界范围内的即时传播、同时在

---

〔1〕［德］马克思、恩格斯：《共产党宣言》，载中共中央马克思、恩格斯、列宁、斯大林著作编译局编：《马克思恩格斯选集》（第1卷），第422页。

〔2〕［德］尤尔根·哈贝马斯：《公共领域的结构转型》，曹卫东等译，学林出版社1999年版，参见第31—32页哈贝马斯对《地域感的衰落》一书的评述；第262页以及第282页注133对“世界主义秩序”的解释。

〔3〕 See Immanuel Wallerstein, *The Modern World-System I: Capitalist Agriculture and the Origins of the European World-Economy in the Sixteenth Century*, New York/London: Academic Press, 1974.

〔4〕［英］安东尼·吉登斯：《现代性与自我认同：晚期现代中的自我与社会》，夏璐译，中国人民大学出版社2016年版，第17—19页。

场成为可能，让战争、生态、疾病等全球问题迅速扩散，个体生活与社会体系、全球体系之间的相互渗透日益显著，时间取代空间成为现代社会的重要标准。这意味着既在领土之内又在领土之间的经济、技术、标准和舆论的“超国家化”，成为现代国家不得不面对的挑战。

简言之，在领土边界维度上，“超国家化”导致现代国家面临两大困境。其一是领土困境，这是指领土相对固定，但要素高度流动，边界因此模糊不清。不仅国内政治是流动的，各种要素在领土之内高度流动并不断超出领土边界；世界政治也是流动的，各种要素在不同的国家、城市、司法管辖区和特殊税收区之间流动，这种流动既可能是水平的、“去中心化的”、公平互惠的，也可能是等级制的、中心化的、单边霸权取向的。其二是主权困境，包括主权不平等、主权能力不充分、信息主权不对称、信用主权不对等、主权在领土之内或超越领土边界让渡移转、非国家实体享有部分实质主权等。政治经济要素的流动性是这两大困境的主因，它促使人们不能再仅仅运用固定不变的领土边界思维来理解和处理“超国家化”对现代国家的挑战。当然，这并不是说政治学与国际关系研究完全弃用“领土国家”和“主权国家”概念，而是希望打破狭隘的专业限制，用跨学科交叉融合的反思视角，形成更为开阔的学术视野和更为丰富的研究进路，充分揭示现代国家所面临的既在领土之内又在领土之间的“超国家困境”。

（二）新政治对象：事/物的崛起

“超国家化”还造就了新的政治对象，这增加了现代国家治理复杂社会的难度。国家权力是对人、地和物的组织和控制力，这种组织和控制力又以后勤和沟通能力为基础。无论人民还是人口，具有高度能动性的人始终是国家治理的核心对象，土地限定了国家权力和国际竞争的边界。对国家来说，最重要的“物”是支撑政府运行的可征税的社会资源，可以保障人口生存发展的自然资源，以及作为国家精英群体与社会大众之间沟通渠道的道路和信息等基础设施。但现代国家仅仅重视前两者已经远远不够。在现代社会，从矿物、大坝、机场这种传统“旧物”，到核技术、生物基因、无线频谱、移动设备识别码等“新物”，一个看似没有能动性的物质世界崛起于领土之内或领土之间，成为支撑国家和跨国政治经济生活的关键基础设施。它们对现代国家的影响是双向的，既能在特定领土之内增强国家的力量或权威，也能在领土之间增强某种超越国家的力量或权威，进而削弱国家的权威。

20世纪90年代以来，在科技与社会研究范式（Science and technology studies，STS）和法国社会学家布鲁诺·拉图尔等人提出的行动者网络理论（Actor-Network Theory）影响下，人造物与人的联结所构成的权力关系及其对现代国家的挑战，开始受到越来越多学科尤其是国际政治社会学者的关注。[1] 而实践理论、社会交往理论、后结构主义等思想方法，几乎总是将武器、货币、计算机等物体放在社会文化力量之外，并只是将其作为行动者之间的媒介。行动者网络理论则颇具创造性地将这种“事物”视为关系网络和实践领域的内在要素，将其视为和人一样能够积极有为的“行动者”。此处的“事物”特指能够通过制造差别而改变状态的客观存在，[2] 比如海关出入境身份文件、信用评级报告等，这拓宽了人们对现代国家所面临挑战的视野。

正如拉图尔在阐释巴斯德研究炭疽病细菌实验[3]时所指出的，“行动者”不仅包括巴斯德、农民、投资者，还包括牛羊和微生物。在国际关系领域，核威慑的主体间结构是通过数千枚核弹头的存在来维持的；在金融交易领域，实践不仅需要人类及其身体的能力和行为，还需要计算机及其他技术，[4] 比如高频交易，一笔资产可在一微秒内买卖，这对人类而言太快了；在欧洲一体化领域，社会纽带的持久性

---

〔1〕 William Walters, “The Power of Inscription: Beyond Social Construction and Deconstruction in European Integration Studies”, *Millennium: Journal of International Studies*, 31 (1), 2002, pp. 83-108.

〔2〕 Bruno Latour, *Reassembling the Social: An Introduction to Actor-Network-Theory*, Oxford University Press, 2005, p. 71.

〔3〕 See Bruno Latour, “Give me a Laboratory and I will Raise the World”, in KD Knorr-Cetina & MJ Mulkay (eds.), *Science Observed*, Beverly Hills: Sage, 1983, pp. 141-169.

〔4〕 Emanuel Adler & Vincent Pouliot, *International Practices*, Cambridge: Cambridge University Press, 2011, p. 14.

很大程度上归功于各种文件和标识“被铭记”的实际过程;[1] 在社会网络政治中，气候变化和生物多样性的作用也愈加重要。[2] 总之，不同的事物（特别是技术）、政治与社会关系在全球范围内交织互联，令现代世界的国家治理、国际治理和全球治理越来越与由“新物”“旧物”构成的环境融合在一起，形成某种“物的政治”。而实践活动所构成的事件，也在物的政治生活中被政治化了，物的流动引发全球性的争议事件，又构成某种“事的政治”。

“事/物的政治”（Dingpolitik）最早由拉图尔提出，并为国际政治社会学者广泛采用。Dingpolitik 是一个德语词，英文为“politics of things”，意指事件和物品不是消极的存在，而是能够影响政治生活的积极“行动者”。[3] 这一术语的意旨，与美国社会学者迈克尔·曼（Michael Mann）强调的“基础权力”比较接近。迈克尔·曼认为，物质基础设施与信息基础设施都发挥着沟通、后勤、组织和控制功能，构成基础权力的基础结构，对于现代国家和社会及其相互关系都非常重要。

---

〔1〕 William Walters, “The Power of Inscription: Beyond Social Construction and Deconstruction in European Integration Studies”, *Millennium: Journal of International Studies*, 31 (1), 2002, pp. 83-108.

〔2〕 Maximilian Mayer, “Chaotic Climate Change and Security”, *International Political Sociology*, 6 (2), 2012, pp. 165-185.

〔3〕 Bruno Latour, “From Realpolitik to Dingpolitik or How to Make Things Public”, in Bruno Latour & Peter Weibel (eds.), *Making Things Public: Atmospheres of Democracy*, London: MIT Press, 2005, pp. 14-43.

在“事/物的政治”中，新的事/物成为权力元素，事/物的关系、过程和争议增强了超国家实体的力量，因而削弱了国家的能力。首先，“事/物的政治”常常涉及知识的转移和权力的扩张，这提升了技术专家和社会科学家在全球治理中的政治地位，他们将杂乱无章的世界转译成关于贫困或战争的权威主张，生成指标、模型和标准，来管理包括国家在内的“越轨者”。[1] 其次，“事/物的政治”往往会加强不对等的世界政治经济权力结构，比如美国之所以能将权力触角伸向全球进而在国际规则制定上占据优势，离不开其在人类政治史上最大的国防部的后勤配置和社会资源动员能力。[2] 再次，事/物的政治过程细致入微地展现了国际或全球争议的发展过程和整体图景，比如围绕海底互联网光缆、跨国石油管道等基础设施建设，所形成的由一系列争议事件、利益相关者及其创制的海量文件构成的信息政治或石油政治，[3] 酝酿出诸多让现代国家陷入重围的国际危机事件，展示着人、技术与政治的再生产和重塑过程。

事/物的崛起给现代国家带来了一个在广度和深度上前所未有的挑战，即国家治理、国际治理和全球治理的进程都

---

〔1〕 Jacqueline Best & William Walters, “Translating the Sociology of Translation”, *International Political Sociology*, 7 (3), 2013, pp. 345-349.

〔2〕 Pierre Belanger & Alexander Scott Arroyo, “Logistics Islands: The Global Supply Archipelago and the Topologics of Defense”, *Prism: A Journal of the Center for Complex Operations*, 3 (4), 2012, pp. 53-75.

〔3〕 Andrew Barry, “The Translation Zone: Between Actor - Network Theory and International Relations”, *Millennium: Journal of International Studies*, 41 (3), 2013, pp. 413-429.

架构在某种关键物理基础设施上，基础设施既支撑流动性，提高稳定性，又带来不确定性和脆弱性，还会强化霸权国家对弱势国家的支配，从而导致国家和国际层面的政治争议和不安全现象激增。因此，“事/物的政治”已经从过去被忽视的边缘地带进入政治舞台的核心，所引发的争议事件不再只是存在于物的世界中，不再只是人类实践的媒介，它们以特殊的方式积极参与对政治生活的影响、对价值标准的重塑、对国际秩序的再造和对未来世界的想象。因此，“借助事/物进行的治理”已经成为现代国家不得不面对的新课题。

（三）权威在国家之上或国家之外

权威在特定领土之内向政治体系集聚，是“领土国家”、“主权国家”和“民族国家”的共同前提，但权威的集聚并非自然而然，权威的分散反倒更为常见。“超国家化”不仅让现代国家不得不面对大量既在领土之内又在领土之间的新问题，也使其权威向两个新的方向分散：要么在国家之上，要么在国家之外。

首先是权威向国家之上分散。世界社会内部的不同系统存在和现代社会类似的功能分化，导致政治、经济、科学和教育等系统既在现代国家之内又在世界社会空间之内，从而催生了国家之上的新权威。卢曼认为，只有政治系统在国家空间内进行功能分化，所有其他系统都已出现超越国家边界的趋势。[1] 迈克尔·祖恩（Michael Zürn）等国际政治社会学者则持不同看法，他们认为，正是这种张力让现代国家的政治系统可以长期控制其他系统并限制其“超国家化”发展。[2] 但是，在第二次世界大战结束后，世界社会政治系统的不同单元开始按照某种劳动分工方式进行分化，并呈现出下述三种类型。[3] 第一种是形式上主权平等的国家间的区隔分化，这种分化正在受到晚近三十年来“超国家化”的全球治理的削弱。第二种是全球治理过程中国家间形成的等级分化，各国主权在实质上“不平等”。安理会五个常任理事国拥有对其他国家安全状态的判定权和采取措施的决策权，拥核国家与无核国家在核扩散条约中的不平等地位，都是这种等级分化的制度化体现；美国的单极霸权体系则是其非正式体现。[4] 第三种是全球多层治理格局的功能分化。多层治理意味着国家和超越国家权威之上的超国家或跨国家

---

〔1〕 Niklas Luhmann, "World Society as A Social System", *International Journal of General Systems*, 8 (3), 1982, p. 132.

〔2〕 Michael Zürn, Barry Buzan & Mathias Albert, "Conclusion: Differentiation Theory and World Politics", in Mathias Albert, Barry Buzan & Michael Zürn (eds), *Bring Sociology to International Relations: World Politics as Differentiation Theory*, New York: Cambridge University Press, 2013, p. 235.

〔3〕 关于社会分化的类型，参见 Niklas Luhmann, Palo Alto: *Social System*, Stanford University Press, 1995, pp. 191, 425, 462。

〔4〕 Mathias Albert, Barry Buzan & Michael Zürn, "Introduction: Differentiation theory and International Relations", in Mathias Albert, Barry Buzan & Michael Zürn (eds.), *Bring Sociology to International Relations: World Politics as Differentiation Theory*, New York: Cambridge University Press, 2013, pp. 17–19.

层级组织成为治理主体，每个层级均可行使权威，在特定问题上作出决定并采取行动，只要不违反公认程序，其他组织不能单方撤销该权威。如果多个层级都有权威，就往往需要彼此协调决策。尽管国家在其中仍然很重要，但也只是执行某些任务的机构之一，不再是发挥所有功能的最重要政治机构。[1] 在多层治理中，层级间互动往往需要首先对问题进行跨国识别认定，决策在跨国或全球平台上制定，决策的执行却还是要回到国家层面。

因此，全球治理与其他治理层级之间不是竞争关系，它由不同层级和组织之间的互动构成，没有哪个层级或组织可以单边行动。就此而言，欧洲威斯特伐利亚体系的区隔分化，已经转变成以劳动分工或全球政治系统的功能分化为特征的多层政治实体并存，[2] 从而令世界社会的政治系统呈现出“超国家化”趋势。而且，与竞争环境下以领土为边界的政治单元相比，功能分化的多层治理使得政治系统更不可能任意干预其他系统。[3] 这样一来，国际政治系统内的职

---

〔1〕 Michael Zürn & Stephan Leibfried, “A New Perspective on the State: Reconfiguring the National Constellation”, in Stephan Leibfried & Michael Zürn (eds.), *Transformations of the State*, Cambridge: Cambridge University Press, 2005, pp. 1-36.

〔2〕 Michael Zürn, Barry Buzan & Mathias Albert, “Conclusion: Differentiation Theory and World Politics”, in Mathias Albert, Barry Buzan & Michael Zürn (eds.), *Bring Sociology to International Relations: World Politics as Differentiation Theory*, New York: Cambridge University Press, 2013, p. 236.

〔3〕 在功能分化的社会中，各功能性的子系统不等或者不同（Unequal），但每个子系统与环境之间都是平等的。参见 Niklas Luhmann, *Social System*, Palo Alto: Stanford University Press, 1995。

能分化就有可能推动整个国际系统的功能分化，也就是说，世界社会政治系统内日益增加的功能分化将进一步加深不同系统之间的功能分化。[1] 不过，在真正的世界社会来临之前，由于“超国家化”与“跨国治理”的的不协调，多层治理并不必然导向政治系统的功能分化，它很可能会在等级分化与功能分化之间徘徊。

在当今世界，跨国治理和全球治理主要通过制定国际规则、召开国际会议等不同行为体间的意义沟通，借助不同政治层级的互动，在某种程度上实现对“超国家问题”的合理而有效的治理。[2] 这种治理要么加强金融、司法、军控等领域的“超国家政治权威”,[3] 要么强化拥有强大自主性的“超国家商业权威”。[4] 前者如行使区域或全球公共卫生危机定义权的世界卫生组织；后者如晚近二十年来形成的成员众多、组织细密的跨国机构网络，它们常常比传统国际机构更咄咄逼人地限制大多数国家政府的政治权威。“超国

---

〔1〕 Mathias Albert, Barry Buzan & Michael Zürn, “Introduction: Differentiation Theory and International Relations”, in Mathias Albert, Barry Buzan & Michael Zürn (eds.), *Bring Sociology to International Relations: World Politics as Differentiation Theory*, New York: Cambridge University Press, 2013, p. 21.

〔2〕 Michael Zürn, Barry Buzan & Mathias Albert, “Conclusion: Differentiation Theory and World Politics”, in Mathias Albert, Barry Buzan & Michael Zürn (eds.), *Bring Sociology to International Relations: World Politics as Differentiation Theory*, New York: Cambridge University Press, 2013, p. 235.

〔3〕 Volker Rittberger & Martin Nettesheim, *Authority in the global Political Economy*, Basingstoke: Palgrave Macmillan, 2008, p. 3.

〔4〕 See Thomas Biersteker & John Hall, *The Emergence of Private Authority in Global Governance*, Cambridge: Cambridge University Press, 2002.

家政治权威”和“超国家商业权威”都在国家之上，可以给特定国家设定义务，且在很大程度上不依赖特定国家的同意。

其次是权威向国家之外分散。国家一直被视为政治权力的元场域，[1] 跨国连横的多元权力场域则孕育出国家之外的新权威。在国家元场域内，国家不仅垄断合法暴力的行使权，还垄断着符号暴力的行使权，只有国家场域可以生产用于等价交换的特殊资本，让不同形式的资本产生等价关系，各社会场域的不同精英都努力控制自身积累的不同资本之间的转化率。但是，权力场域并不局限在国家权力场域之内，自由主义和资本主义的逻辑、符号权力和国际价值的跨国交换以及思想观念的国际传播都催生着多元的权力场域。比如，通过在国际学术期刊（如SCI、SSCI）发表论文、参加国际会议、开展合作研究以及人文交流等方式，现代学术研究群体建立起跨国互连、只与国家部分关联的学术场域。又如，国际医疗安全保障协会、国际信息系统安全协会、国际女性安全协会、国际警察局长协会、国际专业保安协会等机构形成的全球安全场域。越来越多的专门知识场域在国家之间交织连横，不再受制于国家的领土边界，这些跨国行为体在国家之外国际之间构成了新的知识权威网络，形成了与国家元场域纵横交错的国际权力场，它们既与特定的国家权力

〔1〕 Pierre Bourdieu & Loïc Wacquant, “On the Cunning of Imperial Reason”, *Theory*, *Culture & Society*, 16 (1), 1999, pp. 41-58.

纠缠不清，同时又从某个侧面消解着国家的政治权威，导致国家很难再垄断权力的流通和不同场域的资本转化率。

这些国际权力场域的出现，既是全球化向纵深发展的结果，也是各类专家在国内权力场域中竞争优势位置的产物。以安全场域为例，第二次世界大战结束后，国家内部安全场域与外部安全场域之间缠斗不休，导致警务、反恐、情报、边防、移民部门之间的关系不断重新定位。各种职业化专家在国内权力场域的竞争中，愈加倚重跨国专业联盟提供的跨国知识与符号权力资源。[1] 这种国际化策略与国内社会地位的关系，成为国际化精英提升自身资本、重塑形象和自我再生产的重要因素。[2] 各类跨国专业行会在法团主义利益指引下，在各自专业领域内形成某种自治权，尽管这些跨国专业群体仍然依赖其在各自国家内部的权威地位，但他们在国家之外形成的权力场域却让现代国家在领导力上日益“去政府化”。场域是一个永恒斗争的空间，保守者、继承者与颠覆者都为争夺场域内的定义权而战。[3] 在国际权力场内，

---

〔1〕 Didier Bigo, “Globalized (In) security: The Field and the Ban-opticon”, in Didier Bigo & Anastassia Tsoukala (eds.), *Terror, Insecurity and Liberty: Illiberal Practices of Liberal Regimes after 9/11*, London: Routledge, 2008, pp. 12-13.

〔2〕 Mikael Rask Madsen, “Transnational Field and Power Elites: Reassembling the International with Bourdieu and Practice theory”, in Tugba Basaran, Didier Bigo, Emmanuel-Pierre Guittet & R. B. J. Walker (eds.), *International Political Sociology: Transversal Lines*, London and New York: Routledge, 2017, p. 107.

〔3〕 Pierre Bourdieu & Loïc Wacquant, *An Invitation to Reflexive Sociology*, Chicago, IL: University of Chicago Press, 1992, p. 101.

跨国专业“行会”自视为适应全球性的革新因素，他们斗争的对象是传统的政治家，双方围绕依然高度国家化的利害关系，特别是金融、安全、生态等“超国家问题”，争夺着资本转化率的支配权。[1] 现代国家成为强调领土边界、国家主权、国家安全的保守派，正在承受倡导弹性流动、普适主义、全球责任等原则的跨国知识权威群体的更大挑战。

权威向下分散是现代国家面临的传统挑战，权威向上或向外分散在理论上也许并不是对现代国家的新挑战，但在现实层面，全球治理、多层治理以及跨国知识权威群体的兴起等“超国家现象”，对现代国家的政治、经济、文化、社会等方面产生了前所未有的巨大影响。

（四）正当性的内在困境

没有任何国家可以仅仅依靠暴力长期存在下去，因此，一旦垄断了特定领土之内合法暴力的行使权，国家就需要塑造政治权威的正当性，谋求人们的主动服从。在社会理论层面，政治权威的正当性依据主要有三种理想型：长老型、超凡魅力型和理性化的法理型。[2] 在政治理论层面，政治权威的正当性依据包括国家理由和治理理由两大类型，前者以

---

〔1〕 Didier Bigo, "Analysing Transitional Professionals of (In) security in Europe", in Rebecca Adler-Nissen (ed.), *Bourdieu in international relations: Rethinking key concept in IR*, Oxford/New York: Routledge, 2013, pp. 122-123.

〔2〕 ［德］马克斯·韦伯：《学术与政治》，第198—201页。

领土为边界，后者以人口为对象。[1] 在西方社会的统治史上，国家理由的出现与早期现代西方民族国家的兴起同步。16 世纪末 17 世纪初，罗马帝国衰落，新教运动风起云涌，以西欧的英格兰和北欧的荷兰为代表的新教民族国家举起民族主义旗帜，力争摆脱天主教皇控制，它们谋求国内权威向君主集聚，同时以国家的生存、安全和幸福为理由，将人民的数量多少视为国家力量的标尺，谋求增强国家力量，避免被强大的邻国吞并。为了获得合格的常备军兵源，国家需要保障公共卫生；为了防止城市陷入混乱，国家需要确保粮食的流通；为了确保社会安全，国家需要有专门的警察司法机构处理犯罪；为了维系欧洲势力均衡，国家需要建立职业外交官群体。[2] 人之为人的重要生命事项，诸如出生、衣食住行、婚姻、疾病、死亡等逐渐都被纳入国家统治范畴，这些 16—17 世纪发展起来的国家理由通常都是以特定领土为边界的。

17—20 世纪之间，西方社会从重商主义、重农主义的国家理由转向古典自由主义、新自由主义的治理理由。自由主义不仅是一种意识形态，也是一种治理理念，还是一种思想方式。通过对“最好的治理方式”的不断反思，自由主义将自身实践的理性化原则界定为经济最大化，追求用最小的治

[1] See Michel Foucault, *The Birth of Biopolitics: Lectures at the Collège de France, 1978-1979*, New York: Palgrave Macmillan, 2008.

[2] See Michel Foucault, *Security, Territory, Population: Lectures at the Collège de France, 1977-1978*, New York: Palgrave Macmillan, 2009.

理成本实现最大的治理效果。因此，对自由主义来说，最好的治理就是“经济的治理”，而“国家总是过度治理”，自由主义因此将自身的正当性建立在对过度治理的批判也就是对国家的批判上，现代国家的正当性饱受冲击。基于“经济的治理就是最好的治理”这一根本原则，一方面，市场要给国家套上缰绳，不再是国家因为市场的内在缺陷而干预市场，而是市场成为国家的主权者，保障市场的运行成为国家存在的理由，国家不再有自身的特殊理由。另一方面，人口必须变成自由流通的市场要素，各种市场要素要超越地方、国家的领土边界，在整个欧洲及其殖民地所构成的世界市场上自由流动。从此以后，人不再是社会动物或政治动物，而是经济动物，是自身人力资本的企业家，“经济人”成为人类种群的基本特征。人口也不再是法律主体或劳动力大军，而是政治主体，是自由主义的治理对象。人口的一切重要生命事项可以也必须加以规范，其生活方式、行为方式和态度观念可以也必须加以干预，自由主义的治理理由由此建立在“人口的可治理性”上，“人口的可治理性”又建立在人口的共同性而非个体的多样性上，而人口最大的共同性就在于人之为人的生物学、病理学等生物种群特征。因此，自由主义就是建立在人口的生物特征之上的特殊政治知识和政治技术，包括自由主义的市场经济、自由主义的国家体制、维系世界市场的国际金本位制和势力均衡体系四大支柱。对卡尔·波兰尼来说，这就是 19 世纪西方社会的文明。在米歇尔·福柯那里，[1] 这就是生命政治，是西方现代社会的总体权力战略和政治战略，同时也是自由主义的治理理由。

但是，在超越国家理由之后，自由主义的治理理由也面临巨大的内在困境。这是因为，虽然自由主义治理理由所指向的“人口的幸福”依赖世界市场，但人口和人民的定义和范围都仍然是民族国家领土之内的主体民族，民族国家因此具有强烈的民族主义特征，而这事实上是以殖民地原住民或世界市场的弱势国家及其人民为代价，来保证西方国家“人口的幸福”，从而构成强烈的伦理冲突。同时，自由主义的治理理由还存在自由与安全的内在悖论。如果自由主义是没有国界的，如果一切要素的流动都必须超越领土边界，如果自由主义的正当性就在于自由，那么西方社会为什么还需要国家这样的强制机器就成了一个无法逃避的问题。自由主义的治理体制通过将市场真理化来解决这个困境，[2] 市场成为真理，效用成为条件，世界市场成为西方社会共同繁荣持续发展的场域，国家成为市场的保障，既要生产自由又要管理自由，也就是要建立控制，消除危险，保障作为自由的条件的安全。这种自由和安全的悖论，既是自由主义治理的核心，也是自由主义特有的权力结构。

---

〔1〕 Michel Foucault, *Security*, *Territory*, *Population*: *Lectures at the Collège de France*, *1977–1978*, New York: Palgrave Macmillan, 2009, p. 1, 363–367.

〔2〕 Michel Foucault, *The Birth of Biopolitics*: *Lectures at the Collège de France*, *1978–1979*, New York: Palgrave Macmillan, 2008, pp. 22, 51–70.

但这并没有消除现代西方国家社会面临的种种困境，比如出于安全、健康等理由对流动性的控制，难民福利权的人权化悖论，人口再生产意愿和能力的严重下降，内政外交的双重标准，保守主义的复兴，以及重新回到领土边界内强调国家理由的“再国家化”（Renationalization）的政治思潮，都可以说是自由主义的治理理由与国家理由之间长期冲突的产物。自由与安全的相互依赖，现实主义与理想主义政治的冲突，现代西方的自由主义叙事及其国家建制与奴隶制、殖民主义、种族暴力、社会控制、资本主义的经济和金融霸权等非自由主义的内外实践，也都是自由主义治理术内在困境的外在表征。自由主义全球化赖以运行的基础设施、金融霸权以及普适主义的政治价值观，正在受到来自非西方国家的挑战，这种挑战要么仍然受自由主义的治理理由驱动，要么出于不同于自由主义的治理理由，要么出于以领土为边界的国家理由。因此，自由主义治理理由的内在困境既是现代西方国家要面对的，也是以现代西方国家为师的国家必须审慎对待的。

三、“超国家化”与现代国家的未来

上文的分析表明，现代国家的领土边界、统治对象、权威地位和正当性等基本构成要素，正在受到“超国家化”的直接挑战，跨学科的开阔视界和多样化的理论视角有助于加深对这一挑战的认识。作为日常生活实践的政治观，对全球政治的"大"与个体生活、案例叙事、技术细节的"小"之间复杂多元的情境化联系的批判性深描,[1] 对"小"如何构造"大"和"大"如何嵌入"小"的过程溯源,[2] 对"超国家治理体制"与国家治理体制中的公民身份困境的制度思考,[3] 对警察与军队的管辖权和职能的同质化如何削弱传统的国家内外安全分界线的功能分析,[4] 对跨境流动中的安检技术、健康报告、筛查区分的生命政治考察,[5] 对人类、生物圈与环境政治的"人类世"(Anthropocene)思考,[6] 以及对帝国主义、殖民主义、资本主义、全球化等结构性要素的比较历史分析等,诸如此类直指现代国家面临的重大社会政治与全球困境的思想方法,都可以更具体地展

[1] Marieke de Goede, "Afterword: Transversal Politics", in Xavier Guillaume & Pinar Bilgin (eds.), *Routledge Handbook of International Political Sociology*, London and New York: Routledge, 2017, p. 356.

[2] Donald MacKenzie, "Opening the Black Boxes of Global Finance", *Review of International Political Economy*, 12 (4), 2005, pp. 555-576.

[3] Peter Nyers, "Citizenship and an International Political Sociology", in Xavier Guillaume & Pinar Bilgin (eds.), *Routledge Handbook of International Political Sociology*, London and New York: Routledge, 2017, pp. 115-124.

[4] Didier Bigo, "Internal and External Security (ies): the Möbius Ribbon", in M. Albert, D. Jacobson & Y. Lapid (eds.), *Identities, Borders, Orders*, Minneapolis: University of Minnesota Press, 2001, pp. 91-116.

[5] Alison Howell, "Health, Medicine and the Bio-sciences", in Xavier Guillaume & Pinar Bilgin (eds.), *Routledge Handbook of International Political Sociology*, London and New York: Routledge, 2017, pp. 185-193.

[6] Hugh C. Dyer, "Climate Anarchy: Creative Disorder in World Politics, *International Political Sociology*, 8 (2), 2014, pp. 182-200; Dipesh Chakrabarty, "The Climate of History: Four Theses", *Critical Inquiry*, 35 (2), 2009, pp. 197-222.

现颇具复杂性、流动性和不确定性的“超国家化”带给现代国家的现实挑战。

为了更深入理解进而有效应对这些挑战，现代国家及其研究者还需要重视下述四个分析框架。[1] 首先是“治理的配置学”，借助政治学中较为成熟的统治、治理与权力分析，考察由各种外交军事配置、自由主义的权力配置构成的国家政治、全球政治和生命政治，探究现代世界如何治理“国际”，通过什么理据和技术治理，及其所塑造的议程、所追求的目标。其次是“秩序的谱系学”，厘清各类治理配置的超越性基础，它们预设了何种社会的、经济的、自然的、法理的或神秘的秩序观，是人性、全球经济、“大地的法”、国际法还是宇宙法，从而理解国际治理、全球治理的前因后果、发展趋势和前进方向。再次是“正当性的考古学”，思考主权对于政治生活的意义：主权如何引人注目，国家及国家间的职能、仪式、体育或娱乐事件如何体现主权的荣耀性和超越性，以及主权如何确保正当性、如何获得政治认同。最后是“主权的机制学”，关注主权之为主权的内在本质，即作为诸能力集合的主权、被授权给具体行动者的主权、在税收等具体实践中实现的主权，以及必须履行维持和平等具体职能的主权；阐释主权享有何种权力能力，谁在行使这些

〔1〕 Mitchell Dean, “Diagrams, Dispositifs and the Signature of Power in the Study of the International”, in Tugba Basaran, Didier Bigo, Emmanuel-Pierre Guittet & R. B. J. Walker, *International Political Sociology: Transversal Lines*, London and New York: Routledge, 2017, pp. 83-105.

权力能力，这些权力能力能够创造和区分何种政治空间和国际空间。这些分析框架不仅可以用于国际政治研究，也可以用于国内政治研究，尤其是可以把国际政治研究与主权、国家和国家联盟对国际秩序的塑造这一传统焦点结合起来，应对后冷战时代涌现的种种“超国家化”的全球问题对现代国家的挑战。

概言之，政治、经济、文化、技术、信息、社会生活及其组织形式等方方面面的“超国家化”对现代国家构成了诸多挑战。现代国家事实上身处各种跨国连横的权力场域和功能分化的世界社会之中，不得不面对既在领土之内又在领土之外的诸多困境；不得不面对模糊不清的边界、不停移转流动的主权；不得不面对既支撑流动性、稳定性，又带来不确定性、脆弱性，还可能增强霸权的新事物；不得不与自身之外或自身之上的政治权威、商业权威或知识权威共处；不得不在作为主权者的人民与作为生命政治对象的人口之间左突右支；不得不在各种国家理由和治理理由之间作出符合政治正当性的抉择。

面对这些“超国家化”的挑战，现代国家及其研究者既需要思考如何从区域和全球尺度上识别问题、界定困境、配置资源、构想政治、理解世界，也需要运用新的唯物主义视野来认识“事/物的政治”、统筹“借助事/物进行的治理”，还需要重新理解个体经验、国家政治与世界格局之间的复杂关系，更需要秉持跨学科交叉融合的研究路径，将社会学、人类学、心理学、历史学、经济学等学科的深厚理论与丰富方法运用到政治学与国际关系研究中，把历史与逻辑、思想与制度有机结合起来，揭示“超国家化”的内在可能性，阐释国家生活与世界格局的衍变，从而发展出能够回应时代问题、适应时代需求、为大多数人的困惑找到答案的思想理论和长期战略。

作为全球治理术的自由主义：现代社会与生命政治

20世纪70年代末，英国首相撒切尔的一句口头禅成了新自由主义的名言："除了全球化资本主义，别无选择！"这句话堪称弗朗西斯·福山历史终结论的先声。新自由主义被视为20世纪90年代拉美、亚洲和2007—2008年美国金融危机的祸端，但是，新自由主义却并未在这些必然反噬自身的危机中消亡，反倒存活了下来，并在英国、美国、加拿大、澳大利亚、新西兰这五个"盎格鲁国家"再度复兴。[1] 如何解释这一反常现象？英国肯特大学政治与国际关系学者卢卡·马维里（Luca Mavelli）认为，仅仅聚焦于新自由主义本身的特性，无论是其适应性、一致性和包容性，还是其塑造"韧性主体"的生命政治能力，都难以给出合理的解释。因此，他主张将法国思想家米歇尔·福柯在晚年阐发的两大概念：新自由主义与生命政治，视为两种不同但互补的治理理

〔1〕 关于新自由主义的兴衰，参见［英］迈克尔·曼：《社会权力的来源》（第四卷），郭忠华等译，上海世纪出版集团2015年版，第167—228、405—451页。

由，生命政治有助于应对新自由主义带来的风险和不确定性，换言之，正是生命政治让新自由主义存续下来。[1]

学界通常认为，福柯不仅对新自由主义的态度模棱两可，而且对新自由主义与生命政治的关系也语焉不详，前者似乎让福柯的强烈批判意识黯然失色，后者仿佛成了福柯思想中待解的谜团：在将生命政治界定为决定生死的权力技术之际，完全没有提及新自由主义；在用一句话将新自由主义界定为生命政治的总体框架之后，又几乎再也没有提及生命政治。[2] 通过将新自由主义的存续建立在生命政治的治理之上，马维里试图超越对新自由主义本身的批判，揭示新自由主义这一武器由谁掌握、如何使用、针对谁。这的确是一个独特的视角，但本文关心的问题是，在福柯那里，新自由主义与生命政治究竟是不是两种不同的治理理由，马维里的二分法很可能忽略了统合二者的治理术概念及其得以生长的政治经济学土壤，忽略了贯穿自由主义治理术的"自由与安全悖论"。[3] 进而，如何理解政治经济学、生命政治、自由主义治理术及其相互关系，现代西方社会的自由主义治理术

---

〔1〕 Mavelli, Luca. "Governing the resilience of neoliberalism through biopolitics", *European Journal of International Relations*, 23 (3), 2017, pp. 489-512.

〔2〕 Lemm V and Vatter M, Introduction., In: Lemm V and Vatter M (eds.), *The Government of Life: Foucault, Biopolitics, and Neoliberalism*, Oxford: Oxford University Press, 2014, pp. 1-13.

〔3〕 [法] 米歇尔·福柯：《生命政治的诞生：法兰西学院演讲系列，1978—1979》，莫伟民、赵伟译，上海人民出版社 2011 年版，第 51—64 页。

如何以及是否解决了“自由与安全悖论”？追问这些问题，就是在探究生命政治与自由主义关系的“待解之谜”，进而深化对新自由主义的批判与反思。

一、作为治理术的自由主义生命政治

大致而言，经济学视野下的政治经济学重在财富的积累，政治学视野下的政治经济学重在财富的分配，但在福柯的社会理论视野下，政治经济学并不是一门财富的科学，而是一种政治的治理术。在变成一门纯粹的经验科学之前，政治经济学与政治哲学关系密切。政治经济学家往往也是政治哲学家，亚当·斯密是在出版《道德情操论》之后才写出了《国富论》；政治哲学家常常同时也是政治经济学家，让-雅克·卢梭既写了《社会契约论》，也写了《政治经济学》，还是《百科全书》政治经济学词条的作者。与之类似，福柯也不仅仅是一位社会思想家，[1] 他晚年在法兰西学院的两个课程讲稿：《安全、领土与人口》和《生命政治的诞生》，集中展现了他对政治经济学的思考。考虑到当代哲学家惯有的超然出世态度，福柯的政治经济学考察显得颇为入世。本文认为，福柯借助“作为治理术的政治经济学”视角，所揭示的现代西方社会的权力战略，既不是生命政治，也不是自

[1] 关于福柯思想对中国的影响，参见张旭：《福柯在中国（1989—2019）》，载《跨文化研究》2020年第1辑，社会科学文献出版社2020年版，第60—103页。

由主义，而是“作为生命政治的自由主义治理术”，这正是理解当代新自由主义反常存续的关键。

所谓生命政治，堪称《安全、领土与人口》和《生命政治的诞生》的思考主线。这一概念首次出现在福柯 1976 年至 1977 年在法兰西学院的演讲《必须保卫社会》中，与针对人体肉身的规训不同，作为一种新的权力技术和机制，生命政治针对的是人类之为人类的物种特征，也就是人口的出生、疾病、寿命、老年、失能、残疾、死亡等生命大计，人口统计、医学、公共卫生、社会救济、社会保险、社会保障和环境治理，既是生命政治权力的知识场域，也是生命政治权力的干预场域。生命政治之所以诞生，关键在于现代西方社会必须面对人口这一兼具科学性与政治性的生物学与政治学问题。为了控制不确定的多发偶然事件，生命政治超越微观个体细节，建立谋求人口整体安全的总体调节机制。在现代西方社会，指向死亡的传统君主权力越来越弱，指向活着的生命政治权力越来越强，而生命政治权力越是承担起照看生命的整体责任，对生命过程的干预也就越来越多。但这种针对生命过程的生命政治同样可以指向死亡，这是因为，它为种族主义制造区隔、分裂和毁灭提供了理由：劣等种族的灭绝，成为消除生物风险、确保人口整体健康的条件，这正是第二次世界大战期间日本、意大利、德意志等纳粹国家的精神实质。[1]

因此，生命政治这一概念本身既概括了现代西方社会权力机制的变化趋势，又揭示了现代西方社会权力战略的内在病灶。《安全、领土与人口》将生命政治界定为18世纪以来现代西方社会基于人类这一物种的基本生命特征的总体化权力战略，[2]《生命政治的诞生》将生命政治的总体框架称为自由主义的治理术，二者都延续了在谱系学深描基础上深刻批判的分析思路。这一分析思路同样贯穿于《安全、领土与人口》和《生命政治的诞生》的另一条主线[3]：自由主义治理术。福柯所说的治理术，侧重的不是治理的方式、方法、模式和技术，而是治理的理念、理由、理想和艺术。换言之，治理术不是治术，而是治道，是对何为最好的治理的反思。[4]《安全、领土与人口》的重心在于前者，揭示现代西方社会的自由主义治理术的历史，《生命政治的诞生》

---

〔1〕 Foucault, Michel, *Society Must Be Defended: Lectures at the Collège De France, 1975-1976*, New York: Picador, 2003, pp. 239-263.

〔2〕［法］米歇尔·福柯：《安全、领土与人口：法兰西学院课程系列，1977—1978》，钱翰、陈晓径译，上海人民出版社2018年版，第1页。英文版参见 Foucault, Michel, *Security, Territory, Population: Lectures at the Collège de France, 1977-1978*, New York: Palgrave Macmillan, 2009。

〔3〕 关于福柯治理术思想的学术影响，参见 Graham Burchell, Colin Gordon, and Peter Miller (eds.), *The Foucault Effect: Studies in Governmentality: with Two Lectures by and an Interview with Michel Foucault*, Chicago: University of Chicago Press, 1991。

〔4〕［法］米歇尔·福柯：《生命政治的诞生：法兰西学院演讲系列，1978—1979》，第2页。英文版参见 Foucault, Michel, Arnold I. Davidson, and Graham Burchell, *The Birth of Biopolitics: Lectures at the Collège de France, 1978-1979*, Springer, 2008。

的重心在于后者，反思现代西方社会的自由主义治理术的治理理由。

尽管福柯的生命政治和治理术这两个基本点都颇受我国学界瞩目，[1] 但其思考路径主要是政治哲学的，都在不同程度上忽视了二者共同的土壤，即政治经济学，而政治经济学恰恰是福柯治理术思想的土壤。作为现代西方社会的总体化进程，自由主义治理术孕育于政治经济学，它跨过重商主义这个门槛，发端于法国重农主义，继承了英国经济自由主义，并在德国和美国两种新自由主义之上建构自身的合理性。面对人口这个完全现代的主体和问题域，政治经济学变成了生命政治得以建立的土壤、自由主义治理术得以衍生的土壤，以及现代西方社会处理“自由与安全悖论”的关键。

按照福柯的解释，人口这一囊括人类物种基本生命特征的整体概念的诞生，既是生命政治权力脉络的起点，也是自由主义治理术的开端。所谓生命政治，就是人口的安全机制，而自由主义治理术，既是生命政治的治术，又是生命政治的治道。政治经济学将“经济的治理”嵌入治理理由，令

---

〔1〕 侧重福柯生命政治理论的讨论，参见张一兵：《生命政治学与现代权力治理术——福柯的法兰西学院演讲评述》，载《天津社会科学》2015 年第 1 期，第 4—13 页；蓝江：《生产与治理：作为政治经济学视差的生命政治学》，载《南京社会科学》2017 年第 7 期，第 17—24 页；刘冰菁：《福柯的“生命政治”概念的诞生》，载《国外理论动态》2018 年第 12 期，第 77—85 页。侧重福柯治理术理论的讨论，参见李乾坤：《生命政治与犬儒主义：福柯对新自由主义治理术的批判》，载《国外理论动态》2018 年第 4 期，第 10—19 页；翁寒冰：《福柯的治理范式及其方法论启示》，载《江西社会科学》2019 年第 1 期，第 13—18 页。

自由主义变成了不断追求自我限制的治理术，进而变成了生命政治的治理理由，谋求对人口的“经济的治理”。由是观之，生命政治与自由主义并非两种不同的治理理由，二者统合于自由主义治理术。理解新自由主义反常存续的关键，不是生命政治抑或自由主义，而是“作为生命政治的自由主义治理术”。把握这一现代西方社会发展的政治经济思想脉络，重新审视生命政治与自由主义治理术之间的历史联系，有助于深化对新自由主义的当代批判。[1]

二、自由主义全球治理术的诞生

16 世纪至 18 世纪中期的西方社会经历了两百多年的重商主义时代，而重商主义正是治理术的诞生需要跨过的门槛。福柯认为，不能把重商主义仅仅视为财富的科学，而应该关注其历史情境和根本旨向：为了解决大饥荒这个时代困境，欧洲各国必须在主权范围内极尽所能地发展商业经济。“在主权范围内”，决定了重商主义把城市、首都和整个领土辖域之上的空间规划作为关键的规训机制，重商主义因此呈现出浓重的国家干预色彩；“发展商业经济”，决定了自由的政治涵义，即确保在具有鲜明领土性的主权空间内诸要素循环流通的能力，这既是指君主的政治能力，也是指个体的流

〔1〕 关于福柯对新自由主义治理术的批判性，参见［法］乔弗鲁瓦·德·拉加斯纳里：《福柯的最后一课：关于新自由主义，理论和政治》，潘培庆译，重庆大学出版社 2016 年版，第 9—24 页。

动能力。[1] 政治经济学由此成为欧洲国家理由兴起和转型的关键,[2] 18世纪中期，经济重商主义变成了政治重商主义，欧洲国家的内部公共管理和国际竞争都是重商主义的，一国财富的增加以他国财富的减少为前提，但欧洲国际体系的势力均衡却是自由主义的。[3] 零和博弈的重商主义与势力均衡的自由主义无法兼容，重商主义规训机制的领土性与自由主义国际体系的“超领土性”自相矛盾。

人口的饥荒而非个体的饥饿所引发的人口整体安全问题，成为重商主义无法处理的困境。这是因为，重商主义的处理方式仍然是法律或规训机制，试图通过限制、监视和控制来消除食品短缺现象，但其尽力压低粮食价格的政策却导致商人囤积居奇，让普通人随时受到食品短缺的威胁。重商主义遇到了人口的安全危机，但没有建立起人口的安全机制，这是因为，人口的安全机制需要在自然条件与人为条件之间建立因果联系，需要精确地影响人口，需要将环境变成君主必须干预的场域，将“作为社会与政治关系织锦的人口”的自然性变成干预的对象，将人口的安全而非法律主体

---

〔1〕［法］米歇尔·福柯：《安全、领土与人口：法兰西学院课程系列，1977—1978》，第11—18页。

〔2〕［法］米歇尔·福柯：《生命政治的诞生：法兰西学院演讲系列，1978—1979》，第3—4、43页；［法］米歇尔·福柯：《安全、领土与人口：法兰西学院课程系列，1977—1978》，第302页。

〔3〕关于重商主义对主权的依赖，参见［英］迈克尔·曼：《社会权力的来源》（第一卷），刘北城、李少军译，上海世纪出版集团2015年版，第582—583页。

的自由行动作为干预的目标。[1] 所谓生命政治，就是这种人口的安全机制，生命政治的诞生因此意味着新治理术的出现。

福柯正是看到重商主义这种旧的规训机制、旧的治理术无法处理人口的安全困境，才将告别重商主义视为西方社会自由主义治理术诞生的必要条件。尽管重商主义意味着西方社会首次将经过反思的治理术融入主权制度和精神结构之中，但面对人口这一完全现代的国富源泉、治理对象和政治主体，古老的家长制及其家政模式过于脆弱，传统的君主制及其领土模式过于狭隘，重商主义缺乏可资利用的政治经验，[2] 只有摆脱主权阴影下的重商主义，从领土的安全转向人口的安全，形成超越个体自由的总体安全配置，自由主义治理术才能真正形成。

这一转变发端于 17 世纪中期至 18 世纪初重农主义兴起的前夜。人口的安全困境为西方社会带来了日益复杂的治理问题域，家政学不再是自我治理、财产治理、家庭治理、领地治理、灵魂治理、国家治理等不同治理模式之间连续性的核心桥梁，取而代之的是政治经济学。[3] 政治经济学成为领土、人口和财富之间多样关系的知识体系，治理逐渐摆脱

---

〔1〕［法］米歇尔·福柯:《安全、领土与人口：法兰西学院课程系列，1977—1978》，第 15—18 页。

〔2〕［法］米歇尔·福柯:《安全、领土与人口：法兰西学院课程系列，1977—1978》，第 86—87 页。

〔3〕［法］米歇尔·福柯:《安全、领土与人口：法兰西学院课程系列，1977—1978》，第 74—93 页。

主权的束缚具备了独特的自主性：它以人口为首要目标，以安全配置为核心机制，以政治经济学为知识体系，展开国家对人口的治理、对经济的干预。政治经济学、治理与人口的互动，孕育出了囊括人口治理的技术、模式和理念的治理术，这三大要素至今仍然主导着现代西方社会进程，但治理并没有消除以领土保障为核心的主权，也没有消除细致入微的规训，而是形成了主权、规训和治理的铁三角关系。[1]因此，正是人口问题的出现催生了政治经济学，而政治经济学试图探寻的也正是作为被治理者的人口的可治理性（Governability），人之为人的生命特征成为人类个体的复杂多样性的交叉点，生命政治成为容纳个体自由但在整个人口之上实施的安全配置，以人口为手段或目标的治理术得以在政治经济学中生发出来。就此而言，重农主义才是治理术视野下真正的政治经济学。

18 世纪中期出现的法国重农主义提出了与重商主义截然不同的解困方案，主张用自由来消除安全困境，重农主义由此成为自由主义的摇篮，[2] 这是因为，市场这个自由主义的经济概念、权力机制、经济人视角和思想方式都是在重农主义中出现的，用市场机制来消除饥荒问题，这一自由主义的核心主张也是重农主义提出的。政治技术的自由主义化和

---

〔1〕［法］米歇尔·福柯：《安全、领土与人口：法兰西学院课程系列，1977—1978》，第 90—91 页。

〔2〕［法］米歇尔·福柯：《安全、领土与人口：法兰西学院课程系列，1977—1978》，第 31—62 页。

自由主义治理术的根本要义，比如政治技术永远不要与现实的运行相分离，让现实按照自身规律自我发展，任其自由，放任不管，“经济的治理”就是“最好的治理”，用功利效用取代道德善恶来判断治理优劣，以及用经济方式行使政治权力等，也是重农主义者阐发的。这些将重农主义与自由主义牢牢绑定的因素，都发端于重农主义试图用人口的自然性来处理自由与安全的悖论。

在重农主义那里，人口不仅是国家及其统治者的力量源泉，抑或被动的臣民和强制的对象，而且是国家治理的合理性的源泉，只有将人口的可治理性建立在人口的自然性，也就是复杂多样的个体之间的生物性交叉点之上，统治者的意志才能获得主动的服从。以人口的自然性为基石的治理，形成了压倒主权、纪律等权力机制的总体趋势，治理型国家压倒司法国家、行政国家成为全新的国家理想型，牧领权的遗产、外交军事配置、公共管理、政治科学和政治经济学成为社会控制的权力技术和知识。〔1〕从人口的自然性出发，重新定义自由，重新架构安全，将治理的合理性安置在人口的可治理性之上，这让重农主义铸就了自由主义治理术的灵魂。

人口的自然性重新界定了自由。自由不再是一种意识形态、价值目标或主观意愿，而是一种总体化的生命权力，也

---

〔1〕［法］米歇尔·福柯：《安全、领土与人口：法兰西学院课程系列，1977—1978》，第81、91—92、100、204、260、283页。

就是人口可以依据自身所能使用的资源自我调节的能力。人口的这种自然性就是无须干预的市场机制的自然性，市场机制的自然性就是政治社会的自然性，治理必须依据这种人口的、市场机制的和政治社会的自然性展开，利益竞争又是调节上述自然性的自然机制，国家只是利益的调节器，经济理性成为新的国家理由，国家之间应该开展自由贸易，这些要素共同构成治理的自然性。受自我利益机制调节的人口，受法律尊重的自由，把财富、人口与生产、流通、消费联结在一起的经济实践，受国家管理、负责、调节、认识和尊重的政治社会，以及自然的安全，成为"经济治理"这一"最好的治理"的治理对象、安全机制、实践形式、治理场域和根本目标。〔1〕重农主义所孕育的自由主义治理术，就是对这些新要素深思熟虑之后形成的"最好的治理方式"。

以人口的自然性为基石的人口的可治理性，重新界定了安全。与在领土边界内实施的主权和在个体身体上实施的纪律不同，安全在整个人口之上实施，它依赖自然的既定物质条件，致力于通过概率计算让正面因素最大化、相对减少而非彻底消灭风险与不便，并把所有要素组织起来，同时又面向未来纳入所有可能发生的事务。安全机制的核心特征是对开放序列的治理，通过概率估算进行控制，通过治理环境来精确影响人口。因此，重农主义孕育的自由主义治理术不仅

〔1〕［法］米歇尔·福柯：《安全、领土与人口：法兰西学院课程系列，1977—1978》，第306—319页。

仅意味着一种“最好的治理方式”，也意味着一种“最好的治理理由”，现代西方社会由此进入一个崭新的将安全寓于自由的治理术时代。[1] 如果说法律原则是对国家理由的外部限制，旨在防止君主滥用权力，那重农主义就是反其道而行之，它是对国家理由的内在限制，旨在用一套自我限制的知识工具和合理化形式，即治理理由，来防止现代国家的过度治理。因此，福柯重新阐释了政治经济学的本质要义，政治经济学不是针对生产和财富流通的科学分析或确保国家富强的方式方法，而是确保治理理由的自我限制以解决自由与安全悖论的治理术。

那么，政治经济学究竟是如何成为这样一种试图协调自由与安全悖论的治理术的呢？为治理建立自我限制，用利益竞争机制定义自由，将确保这种自由视为治理实践的内在理由，成为其中的关键。政治经济学不是对绝对主义君主制的国家理由、政治自主性和专制权力的外在批判，而是将其限定为“经济的治理”，谋求实现治理术所限定的国家理由和目标，包括国家的富强，人口与其生计的同步增长，以及通过恰当方式确保国家间的竞争优势。为了改善这种“经济治理术”的运行效果，政治经济学将市场机制的自然性视为治理术及其合理性的支点，用市场将治理实践与真理机制对接起来，将市场从公正化的场所变成真理标准的生产车间，在

〔1〕［法］米歇尔·福柯：《生命政治的诞生：法兰西学院演讲系列，1978—1979》，第8—11页。

自然自发的价格机制、市场机制与真理机制之间画上等号，让治理按照市场的放任自由原则来运行，将市场的治理视为“好的治理”，将市场的法则作为治理理由的自我限制原则，自我限制的可能性取决于治理是否依据其本身、对象和实践的自然性来展开。治理术的问题域由此发生巨变，与某种道德律、自然律、神律或16、17世纪的国家理由不同，治理理由指的是为了国家力量的最大化而进行的深入和细致的治理，“经济的治理”意味着放任自由成为调节一切的“上帝法则”，这一自由主义的治理理由就是生命政治的总体战略。[1] 传统的国家理由意味着通过国家间竞争的势力均衡机制来防止帝国的复活，自由主义的治理理由意味着个体之间和企业之间的自由竞争原则变成了帝国主义原则。[2] 因此，重农主义并未彻底否定国家理由，而是用最少的治理重构国家理由，从而在实质上奠定了自由主义的治理理由，经济的治理就是最好的治理，最好的治理就是俭省的治理，治理的俭省性而非国家的宪制由此成为现代西方社会的根本问题，优胜劣汰、适者生存的自由竞争成为沿着北大西洋两岸不断扩张的帝国主义文化霸权的原则。

19世纪初以来，市场机制所创造的效用问题，用利益这一既容纳自由又保障安全的核心概念，将自由主义治理理由

---

〔1〕［法］米歇尔·福柯：《生命政治的诞生：法兰西学院演讲系列，1978—1979》，第12—16页。

〔2〕［法］米歇尔·福柯：《生命政治的诞生：法兰西学院演讲系列，1978—1979》，第18—24页。

的两个关键点，即市场交换和国家公共权力的效用统合了起来。利益既是交换原则又是效用标准，利益既是政治的构成要素又是最关键的政治现象。自由主义的治理术通过利益操控其所需的一切，包括个人、行为、语言、财富、财产、资源、权力等，因此，自由主义的根本问题在于，在市场交换决定一切价值的社会中治理的效用究竟是什么。就此而言，自由主义与其重农主义母体都认为，国家的富裕如同个人的富裕，只有通过“共同富裕”才能实现并保持下去，这就要求欧洲成为一个“共同富裕”的经济主体，这又以市场的全球化为前提，欧洲各国的“共同富裕”以整个外部世界沦为欧洲的市场为条件。因此，自由主义本质上是一种新的帝国主义，一种新的全球合理性，以及一种新的全球视域的治理合理性，18世纪的永久和平乌托邦、国际法、海洋法以及商业的全球化都是这种合理性的表现形式。[1] 总之，自由主义意味着市场的真理化，治理以效用为标准进行自我限制，以及只有在世界市场中才能无限发展的欧洲。自由嵌入了欧洲人的生命政治的安全配置，文明与野蛮、先进与落后、健康与疾病成为欧洲人与非欧洲人之间的区别，劣等种族的死亡成了欧洲人生命政治安全机制的条件，种族主义成为欧洲殖民帝国的主流意识形态。[2]

---

〔1〕［法］米歇尔·福柯：《生命政治的诞生：法兰西学院演讲系列，1978—1979》，第37—51页。

〔2〕［英］迈克尔·曼：《社会权力的来源》（第三卷），郭台辉等译，上海世纪出版集团2015年版，第70—75页。

第二次世界大战结束之后形成的两种新自由主义，德国秩序自由主义和美国新自由主义，都延续了自由主义的治理术及其合理性的逻辑，它们都以凯恩斯主义为对手，排斥计划经济和国家干预主义，并以奥地利学派和芝加哥学派的政治经济学为思想纽带。但是，对于自由主义治理术的演化和处理自由与安全的悖论而言，德国秩序自由主义更为重要，德国模式影响了法国“社会市场经济”和美国新自由主义的发展。正是在德国秩序自由主义中，自由机制不再只是安全机制的一部分，而具有了凌驾安全机制的超越性。[1]

三、自由主义全球治理术的转型

如果说在重农主义那里，政治经济学成为确保治理理由能够自我限制的治理术，只是意味着将安全机制置于利益竞争的自由机制之下，将经济的治理变成最好的治理的话，那么，在德国秩序自由主义这里，经济的治理不再仅仅是治理的典范，而是变成了治理合理性、政治正当性的源泉，安全机制的正当性来自于利益竞争的自由机制，“为了市场而治理”，这一新自由主义的核心原则正是在德国重建过程中奠定的。

对于德国秩序自由主义而言，生命政治不仅意味着人口

〔1〕［法］米歇尔·福柯：《生命政治的诞生：法兰西学院演讲系列，1978—1979》，第65—66页。

的安全机制，毕竟彼时德国已经一分为二，而且也意味着国家的安全机制，自由主义治理术在联邦德国成为压制法西斯主义和种族主义的政治经济武器。在第二次世界大战战败后，作为两次世界大战和法西斯主义的发源地，德国既失去了历史的正当性，也失去了法律的正当性。福柯就此指出，让经济赋予国家正当性，国家则为经济提供保障，成为德国秩序自由主义的政治共识。财富的增长、国家的发展、对历史的选择性遗忘，共同造就了经济自由这一国家的正当性。但接下来的问题就是，用什么样的政治经济学来重建德国。很显然，重建需要的是凯恩斯式的干预，但英美共治区专家委员会却建议立刻放开所有价格管制，将经济从国家的束缚中解放出来，让德国变成商业开放、全体富足的经济国家，而非费希特意义上封闭的商业国家或韦伯意义上特殊个体富足的新教国家。这是因为，对于当时的德国而言，国家并不存在，需要在经济自由空间中建立国家。但是，德国秩序自由主义者解决这一问题的方案与英美共治区专家委员会不同，他们主张放弃 19 世纪 40 年代以来的李斯特保护主义、19 世纪末以来的俾斯麦国家社会主义、战时计划经济和凯恩斯主义，转向全新的秩序自由主义，将公平的社会秩序作为经济竞争的条件。这一原则确立于 1946 年的汉诺威会议和 1949 年的巴登哥德斯堡会议，它彻底抛弃了社会民主主义的传统问题，并与社会主义决裂，接受了德国自由主义的政治共识，让经济自由成为国家的奠基者、制约者和担保人。[1]在福柯看来，德国秩序自由主义试图用经济理性来消解资本主义社会的非理性，而法兰克福学派试图用社会理性来消解资本主义经济的非理性，这也正是韦伯主义在当代德国的两条道路。

德国秩序自由主义主张，问题不在于市场而在于国家，所以目标不是建立“国家之下的市场自由”，而是“建立市场自由之下的国家”。那么，市场究竟有没有能力让国家和社会就范，市场经济的政治和社会信息能力能够延伸至何处，换言之，自由机制能否驾驭安全机制，这也正是当代自由主义面临的关键问题。对这个问题的回答，体现了德国秩序自由主义的“政治经济学连续性”。它延续了19世纪自由主义思想的演变趋势，接受了自由主义的共识，但改变了传统自由主义的核心主张，将市场原则从交换转变成竞争，市场的根本在于各种不平等要素之间的竞争，而市场经济的逻辑和政治结果都是放任自由，竞争必然导致垄断进而破坏竞争，这就要求国家出面来防止垄断、恢复竞争，治理因而始终伴随市场。因此，市场机制的标志在于竞争与治理并存，治理为了市场机制的运行而存在，而不是因为市场机制的缺陷而治理。[2]简言之，作为一种治理术，德国秩序自由主

〔1〕［法］米歇尔·福柯：《生命政治的诞生：法兰西学院演讲系列，1978—1979》，第67—91页。

〔2〕［法］米歇尔·福柯：《生命政治的诞生：法兰西学院演讲系列，1978—1979》，第101—104页。

义谋求在治理中创造出市场，用社会安全机制确保市场自由机制。

那么，如何限制这种旨在用社会安全机制确保市场自由机制的治理术呢？1939 年的李普曼会议发挥了思想奠基作用，让德国秩序自由主义具有了鲜明的干预主义色彩。按照福柯的看法，德国秩序自由主义并不想简单地复活亚当·斯密的经济自由主义，也无意重建马克思在《资本论》中所批判的商品社会，更不可能在法西斯主义灾难所导致的“国家恐惧症”氛围中再次让国家权力凌驾一切，其独特之处在于用市场经济原则调控政治权力的运行，而这恰恰需要让市场经济摆脱古典自由主义的自由放任原则，转而处于积极的、能动的、警惕的、永久的干预之下。[1] 作为一种积极的、干预主义的自由主义，德国秩序自由主义在区分什么该做、什么不该做，什么能干预、什么不能干预的基础上，从避免垄断伤害竞争、维护市场经济的存在条件和社会政策的个人化三个方面重新定义了治理方式，为新治理术建立了内在的自我限制。[2] 通过确立为了市场自由而积极干预、安全机制从属于自由机制的原则，德国秩序自由主义既重构了国家的正当性来源，也重构了治理的目标、对象和场域。

如果说重农主义、经济自由主义都是一种对人口的经济

---

〔1〕［法］米歇尔·福柯：《生命政治的诞生：法兰西学院演讲系列，1978—1979》，第 116—118 页。

〔2〕［法］米歇尔·福柯：《生命政治的诞生：法兰西学院演讲系列，1978—1979》，第 128—129 页。

治理，那么，德国秩序自由主义所代表的新自由主义就是一种对社会的经济治理。这种对社会的经济治理吸纳了19世纪韦伯主义的企业社会伦理，对它而言，重要的不是交换机制，而是竞争机制，不是交换者、消费者，而是生产者、企业家，因此，它的目标不是构建卡尔·波兰尼所说的“市场社会”，而是“企业社会”。这就要将社会治理重心下移至微观单位，构建“企业社会网”，让企业在社会机体内部大量繁殖、散播，把市场竞争下的企业作为塑造社会的主要力量，让企业不仅成为强化的经济模式，也成为全面而普遍的社会模式，进而谋求价值、道德和文化的重构。〔1〕由于市场机制本身非常脆弱，竞争机制也更多是一种消极的力量，国家就要发挥企业和社会群体竞争的维持作用，保证人们能够合作，干预这种政府组织起来的市场导向的“企业社会”，让市场机制和竞争机制按其自身结构充分运行，这样才能建立市场对社会的普遍调节，让竞争机制无时无刻、无处不在地发挥调节作用。

德国秩序自由主义在20世纪30年代构想的这种企业社会，在70年代变成了大多数资本主义国家的治理术，其关键在于企业的大量出现和彼此之间的差异化，同时，越是放任这些企业自我运行，它们之间的摩擦和矛盾就越多，这又催生了司法社会。正如1959年鲁吉耶（Louis Rougier）对李

〔1〕［法］米歇尔·福柯：《生命政治的诞生：法兰西学院演讲系列，1978—1979》，第67—69页。

普曼《美好社会》[1] 一书的评论：秩序自由主义拒绝把自由主义等同于重农主义和英国经济自由主义者所主张的自由放任，市场经济不是自然秩序的自发结果，而是以国家司法干预为前提的法律秩序的产物。最终，德国秩序自由主义形成了如下两大原则：一是按企业模式来塑造社会；二是按照竞争型市场社会的需要来构筑法律体系，法律在国家之上，将法治国家的普遍原则引入经济立法，成为资本主义的革新之路。法律与秩序问题的出现，意味着国家及其公共权力只能以法律形式干预经济秩序，公共权力受制于法律并在法律之内建立经济秩序，德国模式的实质因此不是强权国家或管制国家，而是服务于竞争型市场社会需要的法治国家。[2]

作为自由主义治理术的新形态，[3] 德国秩序自由主义通过将安全机制置于自由机制的支配之下，弱化国家权力及其治理术，回应纳粹主义所引发的国家恐惧症，推动美国新自由主义催生出无政府资本主义，主导了盎格鲁国家的内外政策，达到自由主义治理术的顶点，从而也走向了其命运的终点。

德国秩序自由主义在法国的传播是在经济危机背景下开

---

〔1〕 Lippmann, Walter. *The Good Society*, Transaction Publishers, Boston: Little, Brown and Company, 1938.

〔2〕 ［法］米歇尔·福柯：《生命政治的诞生：法兰西学院演讲系列，1978—1979》，第 130—158 页。

〔3〕 关于德国秩序自由主义与美国新自由主义之间的哲学关联，参见［美］马丁·杰伊：《新自由主义想象与理性空间》，李斌译，载《哲学分析》2013 年第 6 期，第 104—194 页。

始的，这导致了安全机制的扩张，治理术的国家化、行政化和应急化愈加突出，负所得税政策由此变成了旨在规避社会主义政策的资本主义社会救助方案。为了建立并维系决不触碰经济规则的新自由主义政策，只保障绝对贫困群体的最低限度的总体安全，任由经济游戏机制、竞争机制和企业机制支配社会的其他部分。这种法国式的社会市场经济方案，将经济自由主义视为对现代经济的“去集权化”管理，既保证与义务相匹配的个人决策自由，又发挥以国家干预为代表的安全机制的调节作用。与在法国不同，德国秩序自由主义在美国的传播是在联邦政府的政治危机中开始的。作为一种治理术，美国的新自由主义既是美国的建国理念，又一直处于美国政治社会争论的核心，还在第二次世界大战结束后成为美国和美国人的存在方式和思想方式。[1] 按照福柯的思路，作为治理术的美国新自由主义，通过重新定义经济人，重构经济要素，倒置经济与社会关系，隔离经济与政治场域，将现代西方社会的自由主义治理术推向极端状态。

美国新自由主义将人口的性质从劳动力商品转变成为人力资本，重新定义了“经济人”，重构了经济要素，进而改写了人口的安全机制。[2] 对美国新自由主义而言，重要的不是资本、生产、交换过程的历史逻辑，而是人类的行为及

〔1〕［法］米歇尔·福柯：《生命政治的诞生：法兰西学院演讲系列，1978—1979》，第 171—194 页。

〔2〕［法］米歇尔·福柯：《生命政治的诞生：法兰西学院演讲系列，1978—1979》，第 198—206 页。

其内在的合理性，尤其是个人如何配置稀缺资源。进而，劳动是资本能力、机器、工资和收益流的集合体，劳动者是积极主动的经济主体和自身人力资本的企业家，而非作为供求对象的客体化的劳动力和交换伙伴。所谓“经济人”，就是一架能够产生收益流的人力资本机器。作为美国新自由主义的基石，人力资本包含先天和后天双重因素。就前者而言，遗传学成为人口安全机制运行的新权力技术和权力知识，旨在识别危险的个体及其风险类型，人口的生育机制变成了稀缺优秀基因的配置问题，与人力资本的生产机制一道，变成了经济学、社会学、教育学和政治学的前沿问题。就后者而言，人力资本的后天构建与教育投资直接相关，旨在培养能够产生最终也会获得收益作为报酬的能力机器。新自由主义将所有要素纳入经济及其增长之中，来建立人力资本的生产方式，继承、传递、教育、培训等涉及不平等的问题都被视为同质化的要素，重要的不是人类学、伦理学或劳动政治，而是资本经济、个人即企业和投资者、个人的生命条件即资本收益。儿童生活环境分析的专业化，成为美国新自由主义生命政治安全配置的重要一环。美国新自由主义不仅追求用人力资本理论制定美国的经济、社会、文化和教育政策，而且试图把它作为16、17世纪西方经济起飞的肇因，重新书写20世纪30年代以来西方发达国家的发展史，重新解释第三世界的经济发展困境，进而重塑美国的对外政策。

美国新自由主义[1]还将市场经济作为社会关系和个人行为的识别和解释原则，将市场供求分析运用于所有非经济领域，运用于包括婚姻、夫妻、家庭、父母和男女性别关系在内的各种社会关系和社会行为，从而改写了人口统计学、社会学、心理学和社会心理学，倒置了经济与社会关系。此外，美国新自由主义还用市场经济的成本收益分析来评估国家，用经济实证主义来批判政府政策，用市场规律来测度政府行为，从而将市场这一自由主义治理术的自我限制原则，变成了与政府对立的原则，市场变成了审判政府的经济法庭。通过把市场经济分析用于解释所有非商品关系、所有社会现象以及一切政治行动，美国新自由主义使经济与社会、政治关系倒置，导致资本僭越了国家。

最后也是最为重要的，美国新自由主义将经济人解释为受不可化约、不可转让的利益原则支配的主体，将所有经济、社会和政治行动者的行为，都解释为利益主体受制于"看不见的手"的经济行为，将经济与政治场域隔离开来。[2]"经济人"不是通过自由、灵魂与身体的对立或追溯原罪意识而形成的，而是按照既不可化约又不可转让的选择原则（即利益）来行动的个体。"经济人"就是一个利益主体而非权利主体，利益本身从不要求个体放弃，它是一种

---

〔1〕［法］米歇尔·福柯：《生命政治的诞生：法兰西学院演讲系列，1978—1979》，第214—216页。

〔2〕［法］米歇尔·福柯：《生命政治的诞生：法兰西学院演讲系列，1978—1979》，第224、240—246页。

利己主义的、没有任何超越性的直接增殖机制，每个人的意志都自发地做出利己主义的选择，又仿佛无意识地与他人的意志和利益相协调、为他人生产利益，每个人都处于双重的不自主、不明确和不可总计的状态之中。因此，“经济人”的有限理性决定了它看不见总体经济布局，它不该也无法追求集体利益，只能作为利益主体，出于利己的考虑，进行成本收益的算计。君主的理性也是有限的，它也看不见经济的总体进程，因为看不见，所以无知，因而君主应该对经济世界放任自由。“看不见的手”自发地整合各种利益，放任利益主体自发调节，将政治和经济君主隔绝于经济场域之外，拒绝一切干预。因此，经济学本质上是一种无君主、无上帝、无神论和无主体性的科学，经济人是经济世界的理性孤岛，逐利成为唯一的理性。〔1〕秉持自生自发自我调节的市场乌托邦观念的新自由主义成为美国的新公民宗教，卡尔·波兰尼正是在这个意义上把美国称为市场社会立国的国家。〔2〕

概言之，如果说德国秩序自由主义路径意味着自由主义试图告别自由放任，但随着经济的正当性取代历史和法律的正当性，国家最终被置于市场之下，市场在国家之上，用法治约束着国家，国家只能在法律之下，小心翼翼又尽心尽力

〔1〕［法］米歇尔·福柯：《生命政治的诞生：法兰西学院演讲系列，1978—1979》，第246—252、259页。

〔2〕［英］卡尔·波兰尼：《大转型：我们时代的政治与经济起源》，冯钢、刘阳译，当代世界出版社2020年版，第229—242页。

地构建市场，干预市场机制运行的条件，维护企业社会。那么，美国新自由主义路径就意味着自由主义重新回到亚当·斯密的“看不见的手”，将“经济人”视为时刻计算着自身人力资本的成本收益流的企业家和不可化约、不可转让的利益主体，将经济世界视为“经济人”看不见、政治世界无法看清因而不得干预的独立王国，从而重新拥抱放任自由，将自由机制置于安全机制不得干预的超然地位，经济的正当性不仅取代了历史的正当性，而且取代了社会和政治的正当性，还嵌入了法律的正当性。美国新自由主义将放任自由原则重新嵌入自由主义治理术，推动自由主义治理术达到其自身发展所能企及的顶点，全球化资本主义的霸权增殖原则取代了新政自由主义，主导着晚近四五十年来盎格鲁国家的内外政策。

四、自由主义全球治理术的危机

自20世纪70年代直至去世，福柯在法兰西学院发表了一系列课程演讲。对于福柯在其中的思想变化，学术界形成了三种不同的看法。[1] 第一种是强调福柯从早期的后结构主义权力分析转向了对自我发现、真实性和主体性的审美和伦理分析。第二种是认为福柯变成了一个自由主义的政治哲

---

〔1〕 Nealon, Jeffrey T., *Foucault beyond Foucault: Power and its Intensifications since 1984*, Stanford: Stanford University Press, 2008, pp. 1-17.

学家，新自由主义经济学者盖瑞·贝克（Gary Becker）就认为福柯对新自由主义的分析非常准确[1]。第三种是认为福柯晚年思想转向的不是新自由主义，而是作为治理术而非意识形态或国家形态的（新）自由主义，[2] 由此形成了颇具影响的福柯路径的意大利学派，代表人物包括安东尼奥·奈格里（Antonio Negri）、乔治·阿甘本（Giorgio Agamben）和罗伯托·埃斯波西托（Roberto Esposito）等人，本文的分析也表明，第三种看法更贴近福柯本人的思想。

不过，本文对福柯晚年的思想转向也提出了自己的解释。在福柯那里，新自由主义与生命政治并非两种不同的治理理性，二者统合于政治经济学中，并试图解决“自由与安全之悖论”的自由主义治理术。政治经济学不是财富的科学，而是政治的治理术，作为治理术的自由主义突破了重商主义的束缚，在重农主义中萌生，在德国秩序自由主义中转型，在美国新自由主义中达到其自身发展的顶点，[3] 成为

---

〔1〕 主张福柯并未批评新自由主义的相关研究，参见 Behrent, Michael C.,“Liberalism without Humanism: Michel Foucault and the Free-Market Creed”, *Modern Intellectual History*, 6 (3), 2009, pp. 539-568；主张福柯批判了新自由主义的相关研究，参见 Miller, Neal.,“Critique and Neoliberalism in Michel Foucault”, *College of Liberal Arts & Social Sciences Theses and Dissertations*, 2018, p. 259, https://via.library.depaul.edu/etd/259。

〔2〕 参见 COTOI, Călin,“Neoliberalism: a Foucauldian Perspective”, *International Review of Social Research*, 1 (2), June 2011, pp. 109-24；以及 Mitchell, Dean,“Rethinking neoliberalism”, *Journal of Sociology*, 50 (2), 2014, pp. 150-163。

〔3〕 ［法］米歇尔·福柯：《生命政治的诞生：法兰西学院演讲系列，1978—1979》，第 274—275 页。

资本主义现代化的全球战略、[1] 全球化资本主义支配世界的霸权原则[2]以及当代资本主义周期性危机的催化剂。

但是，政治经济学不仅是自由主义治理术的土壤，更是确保自由主义能够不断自我限制的治理术。自我限制的可能性在于，接受政治世界看不见从而不得干预的竞争机制和不可化约、不可转让的利益机制所定义的自由，同时，为了防止这种利己主义导向的利益机制的反噬，自由主义治理术又将生命政治作为自己的安全配置。因此，“我们总是过度治理”，“我们又总是需要治理”，这一自由主义所处理的现代西方社会的悖论，也就是自由主义治理术内在的自由与安全的悖论，“我们总是希望自由”，“我们又总是需要安全”。一方面，治理术无时无刻不在消耗进而需要生产受利益机制支配的自由；另一方面，要生产这种自由，又需要管理和组织自由及其赖以存在的条件，即设置基于限制、控制、强制以及威胁的义务，防止利益机制危及个体和集体，这样才能确保安全。

利益机制支撑着自由主义治理术的“自由”因素，并导致收入和财富分配的马太效应日益加剧。同时，为了阻止自身因此走向衰亡，生命政治成为自由主义治理术的“安全”配置，传统的社会控制、最低收入保障，新兴的全民基本收

[1] [法] 米歇尔·福柯：《生命政治的诞生：法兰西学院演讲系列，1978—1979》，第149—150页。

[2] [英] 迈克尔·曼：《社会权力的来源》（第二卷），陈海宏等译，上海世纪出版集团2015年版，第44—45页。

入，新冠危机下的失业救济和生活救助，都是这种人口的安全机制，但它们不会触动在政治影响力、社会财富分配、教育医疗养老等核心公共资源配置上展开无限利益竞争的自由机制，恰恰相反，安全机制本质上并不是人口的安全机制，而是利益竞争机制所定义的自由机制的安全机制。因此，晚近三十年来新自由主义的反常存续，只是意味着，沦为全球化资本新身体的新自由主义国家，再次将其内在的“自由与安全”悖论束之高阁，为了保全利己主义的利益竞争所定义的自由机制，为了全球化资本主义的霸权增殖，更加依赖生命政治所定义的人口安全机制、生命政治所包含的种族主义来决定内外政策，这加深而非缓解了现代西方社会自由主义治理术的内在危机。

隐匿的发展叙事：帝国科学与帝国政治

2020 年 6 月，新冠疫情漩涡下的美国“黑命贵”（Black Lives Matter）运动蔓延至英国，反殖民主义和反帝国主义的声浪迭起，英国帝国理工学院在压力下决定放弃已经沿用了百余年的校训：“科学是帝国的无上光荣和保障”（Scientia Imperii Decus et Tutamen）。这一决定，再次将科学与帝国的关系带入人们的视野。在五百多年的殖民史中，北大西洋殖民帝国将科学作为践行“文明使命”、建构殖民统治正当性的载体，而亚非拉国家意识到科学本质上仍然是帝国支配殖民地的工具，晚近两百年来的英美两大全球性帝国则用科学来塑造其世界性的文化霸权。科学支撑帝国，帝国依赖科学，科学究竟如何赋予帝国以正当性？从历史的纵深处，重新认识科学与帝国的密切关系，或可有助于我们在思考自身的发展道路时更具自主性和创造性。

一、作为帝国文明使命的科学

作为帝国文明使命的科学，是科学与帝国关系的第一种叙事。在这种辉格主义的进步视角中，科学是进步的源泉，帝国是科学的母体，科学为帝国征服披上了文明的面纱；西方世界孕育了智慧超常的杰出人物，秉持基于数学的精确科学思维，教化愚昧迷信的非西方世界；科学成就让基督教欧洲自视在教育、知识、能力、理性和德性上，都比那些欧洲以外的“化外之民”高人一等，后者没有理性的能力和知识的理解力，没有能力像欧洲人绘制美洲地图那样绘制欧洲地图；正是满怀科学精神的欧洲人漂洋过海，“发现”新大陆，探索异域的自然景观，观察奇异的人文风俗，搜寻蛮族的食物、药物和经济作物的种植方法，运用先进的帝国科学改造落后、蒙昧、野蛮的帝国边陲，履行帝国教化殖民地的文明使命。这里的文明以“科学基督教”为核心，具有双重意涵，既是基督教相对于异教徒的文明，也是科学相对于迷信的文明。

既然科学的兴起与帝国的兴起亦步亦趋，哪些欧洲科学属于首要的殖民科学就至关重要，而这取决于哪种科学对于殖民扩张和解决殖民困境更有用。对法兰西帝国而言，制图学、气象学、冶金学、经济植物学更有用，也获得了更多财政投资。对英帝国而言，环境学、生物学和医学最有用，天文学、物理学、化学次之。帝国对殖民地的教育政策也以有用为依归，[1] 比如 19 世纪晚期英帝国在其“巅峰时刻”才

〔1〕 Palladino, Paolo, and Michael Worboys, “Science and Imperialism”, *Isis*, 84 (1), 1993, pp. 91-102.

在印度开始科学技术教育，但也只是在地理学、测量学、植物学和医学等有直接经济效用的领域，以为帝国培养技术服务人员。

在五百年的资本主义殖民帝国史上，帝国是科学研究的引擎和枢机，塑造着科学知识的生产方式。殖民模式不同，科学知识的生产方式也不同，“文明使命”的色彩也深浅不一。伊比利亚半岛的葡萄牙人开创了以东印度群岛为典型的贸易站帝国模式，在加勒比地区建立了依赖经济植物学等科学支撑的种植园综合体，种植园主和企业心理学家醉心于发明旨在创造温顺的工业奴隶的催眠术，这些都为后来的荷兰英法所借鉴；[1] 西班牙人将新大陆变成了西班牙君主治下的美洲总督国，率先通过科学组织系统收集大西洋的水文知识和美洲的纺织术。但对伊比利亚人而言，对殖民地资源的控制和掠夺优先于“文明的使命”，粗糙的科学知识生产方式使其在殖民争霸战中落后于法英德。

在法兰西帝国模式中，帝国是科学的主要资助人和科学机构的创建者，王室是科学的物质和智力资源的调度者，贸易公司的医生为殖民者提供健康服务，兼任自然学家、植物学家和医学家，游走于全球的耶稣会传教士也是自然科学知识的载体，向清政府索要的义和团赔偿成为法国在中国的天文学和法国本土汉学研究经费的来源。法兰西帝国首都巴黎

---

〔1〕 Drayton, Richard, Science and the European Empires, *The Journal of Imperial and Commonwealth History*, 23 (3), 1995, pp. 503-510.

变成了欧洲内部的国际科学中心，并把科技领先优势一直保持到19世纪40年代。随着英德科学的崛起，逐渐形成了法兰西学院、英国皇家学会和德国柏林学院三足鼎立的局面。当时的德意志帝国还处在四分五裂状态，但在其大学形成的政治学，在17世纪中期直至18世纪末，影响了整个欧洲。〔1〕在英帝国，帝国的贸易和扩张被视为科学知识的源泉，英帝国不断扩张的边疆，成为自然神学、自然哲学、植物学、动物学、地质学、天文学、物理学、人类学、社会学和政治经济学的制度起源。〔2〕把世界作为一个整体来理解的帝国经验，深刻影响了英格兰启蒙运动，英国的经济生活、智识生活由此发生巨变。在帝国上下、朝野内外的支持下，科学的各个分支部门快速发展，帝国如虎添翼，其向殖民地传递文明的使命感也随之强化。

在作为帝国文明使命的科学叙事中，帝国是科学的护卫者，欧洲人凭借科学享有了宰制非欧洲人的正当性，并由此建构帝国统治的合理性。欧洲以外的世界处于愚昧、落后、野蛮、迷信状态，是欧洲科学的研究对象，是欧洲帝国的教化对象，是欧洲基督教文明的改造对象。沿着北大西洋两岸不断向外延展的科学边疆，成为欧洲人心驰神往的帝国机遇。越洋帝国的兴起，改变了欧洲人的政治视野，提升了欧

〔1〕［法］米歇尔·福柯：《安全、领土与人口：法兰西学院课程系列，1977—1978》，第282—283页。

〔2〕Drayton, Richard, "Knowledge and Empire", *The Oxford History of the British Empire*, 2, 1998, p. 249.

洲人的文化信心，固化了欧洲人的文明使命感。

二、作为帝国控制工具的科学

作为帝国文明使命的科学叙事，流行于第二次世界大战之前诸欧洲殖民帝国争霸世界的时代。但是，科学与帝国的共谋，始终处在启蒙运动与奴隶制共存的阴影之下，文明背后的控制从未隐退。第二次世界大战结束后，欧洲与世界的关系发生巨变，欧洲从世界的主宰者变成了美国的跟随者，美帝国治下的和平（Pax Americana）取代了英帝国治下的和平（Pax Britannica），亚非拉国家开始反思欧洲霸权，反思文明面纱所遮蔽的科学与帝国的另一层关系。

20世纪50年代，随着帝国史研究转向韦伯主义的社会学和马克思主义的社会史，作为帝国文明使命的科学叙事受到广泛质疑，〔1〕作为帝国控制工具的科学叙事迅速成为主流话语，科学被视为塑造自我与他者、构筑支配与依附关系的工具。在这种具有强烈批判意识的视角下，科学与帝国都是庞大的社会与政治工程，科学承载着欧洲人统治世界的大国梦想，科学革命与殖民帝国扩张的三阶段——兴起、征服和巩固都密切相关。

在殖民帝国的兴起阶段，科学和医学培育了帝国的航海

〔1〕 Drayton, Richard, "Science, Medicine, and the British Empire", *The Oxford History of the British Empire*, 5, 1999, p. 264-276.

技术和战争手段，蒸汽船的发明、奎宁的预防性使用以及航海、航运和采矿技术的出现是这一阶段的关键。[1] 制图学、水文学服务于保障帝国间和平和殖民航海自由的国际法，服务于帝国对殖民地领土、港口和贸易站的控制。殖民帝国秉持标准化、清晰化的极端现代思维，在地图上所画出的，既有不考虑殖民地本土传统的领土分界线，也有对所谓无主土地的法权分界线，还有区分战争与和平、文明与野蛮的海洋分界线，线内是文明理性之地，殖民帝国之间保持和平，线外是野蛮蒙昧之地，殖民帝国之间互相厮杀。格劳秀斯等荷兰自然法学家所主张的航行自由，就是从线内通往线外“无主之地”的殖民自由。殖民帝国还按照文化的分界线划分势力范围，五大湖区这个“中间地带”就是一个复杂多变的土著联盟，西班牙与美国的混血儿在英属美洲催生了文化混合区，“新法国”和“新巴西”则因为对奴隶劳动的依赖程度差异而成为完全不同的美洲社会。人类学向帝国提供了殖民地本土的文化与军事情报，人类学家和医学家在创造种族主义和东方主义的定型观念上“居功至伟”，社会学家和科学史家学习人类学家，把自己想象成现代实验室的陌生人，想方设法获取殖民地的特定知识。[2] 西非“大米海岸”以妇

---

〔1〕 Daniel R. Headrick, *The Tools of Empire*: *Technology and European Imperialism in the Nineteenth Century*, Oxford and New York: Oxford University Press, 1981, pp. 11-12.

〔2〕 Delbourgo, James, and Nicholas Dew (eds.), *Science and Empire in the Atlantic World*, Routledge, 2008, pp. 9 & 11.

女为主的水稻农民，就是这样被作为殖民地特定知识的载体，强行运到卡罗莱纳等地的殖民种植园。

在殖民帝国的征服阶段，热兵器的革新，航海术的提升，让欧洲国家长期保持对非欧洲国家的军事和战争技术优势。[1] 博丹所说的不可分割的主权，韦伯所说的垄断针对特定领土与人口的合法暴力，正是帝国最重要的两大特性。帝国的殖民扩张过程，意味着对美洲印第安人和大洋洲土著居民的大规模种族清洗，以及对非洲人的残酷奴役。就此而言，近代民族国家与殖民帝国根本就是一回事，民族国家的形成与建构同时也是殖民帝国的兴起与扩张，正如1530年代脱离罗马天主教神权统治的英格兰所宣称的：英国不再属于任何别的帝国，英国是自己的帝国。[2] 民族国家及其特性具有鲜明的帝国基因，也正因此，帝国既具有国家的领土性，也具有超国家的非领土性，而科学则成为帝国超越欧洲本土民族国家边界向全球扩张的新工具。

在殖民帝国的巩固阶段，铁路、海底电缆和苏伊士运河等基础设施的革命将宗主国与殖民地整合起来，让帝国统治得以实施。[3] 诸殖民帝国之间对于影响力和势力范围的激

---

〔1〕 参见［美］威廉·麦克尼尔：《竞逐富强：公元1000年以来的技术、军事与社会》，孙岳译，中信出版社2020年版，第75—94页。

〔2〕 Delbourgo, James, and Nicholas Dew (eds.), *Science and Empire in the Atlantic World*, Routledge, 2008, p. 8.

〔3〕 Daniel R. Headrick, *The Tools of Empire: Technology and European Imperialism in the Nineteenth Century*, Oxford and New York: Oxford University Press, 1981, p. 12.

烈竞争，为科学研究提供了充足的经费。[1] 比如法国与亚洲的无线电通讯研究，就是为了摆脱对英美海底电缆的依赖。

殖民帝国扩张所必需的，如天文学、气象学、地球物理学、化学等精确科学，植物学、动物学、地质学、医学等自然科学，军事学、战略学、社会学、人类学、政治经济学等社会科学，都依赖地球表面特定位置的资料收集，也都需要以整个世界为尺度才有意义。进而言之，科学的全球性正是帝国统治的内在要求，科学并没有因为成为帝国的控制工具而受到破坏，反倒更加发展壮大，为帝国的扩张加入了自然的逻辑，为帝国的征服奠定了正当性，为欧洲帝国主义提供了文化软包装，并且随着帝国的扩张提升了自身的全球性。随着冷战格局的兴起，殖民帝国土崩瓦解，世界格局沧桑巨变。不过，尽管殖民帝国不复存在，但其霸权却并未随之消失，科学与帝国关系的第三种叙事，即作为帝国文化霸权的科学由此兴起，并推动了发展话语的迭代。

三、作为帝国文化霸权的科学

作为帝国文化霸权的科学，可以视为前两种叙事的升级版，它建立在对殖民科学扩散模式的深刻反思上。扩散模式

---

〔1〕 Drayton, Richard, "Science and the European Empires", *The Journal of Imperial and Commonwealth History*, 23 (3), 1995, pp. 503-510.

是殖民科学发展的三段论，在初级阶段，殖民地为西方科学提供原始数据材料；在中间阶段，殖民地与帝国之间形成正式的殖民依附关系；在最终阶段，殖民地走向科学的独立自主。[1] 在扩散模式中，宗主国与殖民地之间是中心与边缘关系，科学从中心向边缘直线传播，[2] 欧洲是科学传播的动力源，欧洲对世界的殖民发挥了渐进式的拯救性的历史作用，把欧洲科学传递到殖民地社会，后者只有通过欧洲科学文化的再生产，才能最终走上现代化之路。科学不再是具有宗教神圣性的帝国文明使命，也不是单纯为了攫取殖民地资源的帝国控制工具，而是具有真理性、先进性和普遍性的知识体系，从而成为非西方社会很难摆脱的文化霸权。

这种殖民科学的扩散模式，堪称 20 世纪四五十年代兴起并影响至今的现代化与发展理论的源头。欧洲的科学就是整个世界的现代化与发展的引擎，这种作为帝国文化霸权的科学叙事曾经如日中天，却在当代发展话语中逐渐隐匿了起来。

发展话语诞生于资本主义霸权转移的 20 世纪 20—40 年代，发展话语的竞争主要在英美两大帝国之间展开。20 世纪 20 年代末至 30 年代，随着资本主义世界经济萧条的蔓延，

---

〔1〕 Basalla, George, "The Spread of Western Science", *Science*, 156, 3775, 1967, pp. 611-622.

〔2〕 关于中心—边缘的知识建制，参见徐秀丽、李小云：《发展知识：全球秩序形成与重塑中的隐形线索》，载《文化纵横》2020 年第 1 期，第 94—103 页。

人们对英帝国管理殖民地的能力产生了强烈质疑，英帝国因此将 1895—1940 年的殖民地政策称为“建设性的帝国主义”，将帝国的政策目标从“改善”变成“发展”，从以攫取殖民地资源为主、改善殖民地状况为辅，转向推动殖民地的发展，为殖民地提供交通、通讯和科学政策扶持，刺激殖民地的商业和资本需求，充分开发殖民地资源，进而缓解帝国本土的失业问题，推动整个帝国的经济发展。[1] 在这个以经济发展为关键词的新殖民政策中，科学始终处于核心位置。殖民地的经济发展推动了帝国自然与社会科学的兴起，殖民地成为植物学、动物学、地质学、化学、农业科学、人类学和经济学的乐园。科学研究由帝国政府资助，与自由放任无关，这是因为科学既是打开殖民地的第一步，也是让殖民地产品与帝国市场匹配的关键，其初衷还被标榜为培育殖民地参与国际科学进步和运行现代国家的能力，进而证明英帝国长期保持殖民统治的正当性。[2] 包括专业研究所、学院、实验室在内的大量殖民科学机构先是在帝国大都市建立起来，后来又转移至各殖民地，英帝国的殖民部、市场局和殖民研究处是这一切的操盘手。

第二次世界大战结束后，英国遭遇经济危机，理想主义

〔1〕 Worboys, Michael, “British Colonial Science Policy, 1918-1939”, in Worboys, M and Petitjean, P (Editor), *Les Sciences Coloniales*: *Figures and Institutions*, ORSTOM, 1996, pp. 99-112.

〔2〕 Clarke, Sabine, *Science at the End of Empire*: *Experts and the Development of the British Caribbean*, *1940 - 1962*, Manchester University Press, 2018, pp. 181-192.

的发展理念与帝国主义的剥削再度融合，英帝国改变了由小规模精英主导的科学体制，建立了涵盖渔业、农业、林业、动物健康、锥虫病、蝗灾、杀虫剂和经济等议题的一大批殖民研究机构，在殖民地研究中心的统筹下，招募大批科学家，评估如何让殖民地的自然状况、工业产品和发展需要满足帝国主义的剥削需求。英帝国晚期的这种“发展型帝国主义”，与美国“马歇尔计划”所代表的“发展现实主义”对外战略，[1] 以及联合国的技术援助计划同步展开，一直持续到20世纪70年代中期。尽管英国针对北美、澳洲、亚洲、非洲、拉美等不同殖民地的发展理念不同，但这种以科学研究为先导，通过“多出政策、少出钱”的有限干预，缓步刺激经济发展的英国模式，本质上是将发展置于自生自发、自由放任、自由竞争的经济学假设之下，旨在将以英国经验为样板的现代化模式推广到整个世界。

事实上，这也是美帝国崛起之后，英帝国航船不得已的姿态调整，英国不得不从世界上最强大的帝国变成新兴超级大国的小伙伴，不得不借助英美同盟和“残余帝国”势力范围来发挥国际影响力，不得不借助美国遏制共产主义的战略来保留海外基地，不得不与美国彼此分享情报。[2] 英帝国

---

[1] Anatol Lieven and John Hulsman, “Developmental Realism”, *Harvard Law & Policy Review*, https://harvardlpr.com/online-articles/developmental-realism/.

[2] Thompson, Andrew, Ed., *Britain's Experience of Empire in the Twentieth Century*, Oxford University Press, 2011, pp. 14-18.

这个曾经的“世界岛”，让位于美帝国这个“大陆岛”。美国以西方世界主导者的姿态，全面取代并填补了英帝国收缩所留下的权力真空和科学真空。核武器技术、尖端武器技术和信息技术等科学进展，让美帝国拥有了战略威慑能力，监控全球信息流动的能力，同时打赢两场局部战争的军事能力，以及对日本、韩国、德国和北约军事指挥权的绝对控制权，加上遍布全球的军事基地，并让美帝国借助不对称的军事优势得以巩固下来。

美国由此成为发展话语迭代的主要推动者。如果说英帝国时代的发展话语以经济为主轴，那么美帝国时代的发展话语的重心就在于政治。美帝国的发展话语，以政治发展为主，以经济发展为辅，换言之，美帝国的经济发展总是以政治发展为条件，相比于经济财富的集中与分散，美国更关心发展援助对象政治权力的分散与集中。

与英帝国主导的发展话语 1.0 时代不同，在美帝国主导的发展话语 2.0 时代，美国社会科学的崛起是关键要素，它重塑了社会科学知识的生产方式，形成了美国主导的发展理念，极大地影响了现代国家之间的话语竞争。在此过程中，美国长期以来的私立精英大学体制、商业利益集团设立的各种私人基金会以及美国政府，成为最重要的三大行动者，三者之间的关系〔1〕从松散的合作转向紧密的融合，最终形成

---

〔1〕 本段及以下三段的资料来源：Nugent, David, “Knowledge and Empire: The Social Sciences and United States Imperial Expansion”, *Identities: Global Studies in Culture and Power*, 17 (1), 2010, pp. 3-24。

旋转门式的制度化互动模式。

在进步时代三者的松散合作关系中，洛克菲勒、卡内基、福特等私人基金会资助了包括美国社会科学研究理事会、美国学会理事会、美国国家地理学会、太平洋关系研究所、皇家国际事务研究所和国际非洲研究所等大量研究机构。后者所形成的国际科学网络，用传统与现代的二分法，将非西方社会置于需要用西方现代化标准加以改造的所谓前现代境地，而改变这种境地意味着美国影响力的稳步提升。

在大萧条直至冷战初期，三大行动者之间形成了影响至今的战时团结纽带。二战期间，私人基金会和美国政府都意识到美国将在战后继承或重组过去由欧洲主导的世界事务，这需要建立全新的研究体系来生产所需要的新知识，从而继承或重组整个世界。美国战略情报局打破了情报的传统定义，将对全球每个民族和地区的了解都视为情报问题，因此邀请美国社会科学研究理事会和美国学会理事会集合数百名年轻和资深学者担任情报专家，他们建立了新的分类标准，将世界上所有的民族和文化都纳入统一的排序体系和话语体系，并着手全面重组美国的教育机制，来生产帝国所需要的专业知识。

20 世纪 50 年代，冷战日趋紧张，三者之间的关系也随之升温，形成了旋转门式的制度化互动模式，区域研究成为美帝国的战略显学。美国社会科学研究理事会建立了针对斯拉夫、拉丁美洲、近东与中东、当代中国、非洲、日本、韩国、东欧、南亚、西欧和东南亚在内的 11 个区域研究委员会，福特基金会在美国34所著名大学建立了具有高级学位授予权的跨学科区域研究所，推动区域研究成为美国社会科学的主流。1957年，苏联率先发射了人类社会第一颗人造卫星斯普特尼克号，彻底击溃了美国国内对政府资助区域研究的反对意见。美国政府于次年通过国防教育法，为美国各个区域研究机构提供大量资金，并于1961年极大地扩展了1946年设立的富布赖特项目。福特基金会与美国政府的合作，将过去相对独立的学术界和政府联合起来，建立了新的专业知识网络，改变了美国社会科学的面貌，培养了冷战时代最有影响力的社会科学家，他们的研究成果定义了美国社会科学的主流和前沿，其中就包括社会科学研究理事会比较政治分会的政治发展研究丛书，以及著名经济学家沃尔特·罗斯托（Walt Rostow）的《经济增长的阶段》等。

无论是1.0时代还是2.0时代，英美帝国主导的发展话语都将科学作为帝国文化霸权的基础，自然也都不乏批判之声。比如，今天被视为客观普适的科学认知方法，其初衷是为了欧洲人识别并占有殖民地的领土和人口资源。20世纪70年代的依附理论就主张科学不是发展的关键，因为宗主国与殖民地之间的依附关系很难打破，即使是在殖民帝国土崩瓦解之后。20世纪80年代的历史学家加强了这一观念，他们认为，科学的直线扩散和线性传播的现代化理论或许更容易在澳大利亚这样的白人殖民地实现，在热带非洲却很难实现，因为欧洲人总是处心积虑地防止被殖民者获得科学知识，目的就是为了将热带非洲的经济发展永远置于西方的支配之下。

概言之，英帝国与美帝国所主导的发展话语变迁，与作为帝国文化霸权的科学叙事息息相关。英帝国的殖民地大多在热带，因此也被称为热带帝国。但对英帝国而言，热带并不是一个气候概念，它首先是一个环境概念，那里有自己的疾病、作物和自然法则。它又是一个种族概念，那里布满了未开化的、蒙昧的黑人。它也是一个性别概念，欧洲人是男人，热带人是女人。它还是一个医学概念，那里是发病率和死亡率都很高的危险地带。它还是一个发展概念，那里需要西方人在物质上、社会上、经济上指引其发展。热带的一切都不成熟，只有财富是现成的，等待宗主国去收割。〔1〕对美帝国而言，经济和社会的不发达，都是因为政治的不现代，发展的理念、道路和目标都必须以发达的美国模式为标准。很显然，对于这个在过去三十余年中形成的全球唯一超级大国而言，"经济学帝国主义"是一种具有高度支配性的思想方式和意识形态，笼罩着人文与社会科学，它们和自然科学一道，支撑着美帝国的文化霸权，推动着新自由主义的华盛顿共识这一帝国发展话语走向世界。因此，对于美国与世界而言，新自由主义的发展话语都既是一种政治文化，也是一种文化政治。

---

〔1〕 Worboys, Michael, "British Colonial Science Policy, 1918–1939", in Worboys, M and Petitjean, P (Editor), *Les Sciences Coloniales*: *Figures and Institutions*, ORSTOM, 1996, pp. 99–112.

四、发展议程的“去殖民化”

对于西方世界而言，科学与帝国之间关系的三种叙事，发展到今天，可以统称为北大西洋的故事。北大西洋的故事形成于18世纪中期以来，在此之前，北大西洋还没有进入欧洲人的思想世界，只是“埃塞俄比亚海”、“北海”抑或“西大洋”。18世纪中期以来，美洲印第安人、非洲人和欧洲人之间包括奴隶贸易、商品贸易在内的三角互动，改变了每个大陆的经济、政治和文化，让北大西洋成为一个分析单位。到了19世纪末，欧洲人形成了盎格鲁-撒克逊式的北大西洋伪科学概念，在虚构的彼此和睦的种族关系和血缘关系中，从东到西，横跨整个北大西洋，欧洲新教徒及其美洲后裔、南方人、非洲人以及犹太人，构成了一个想象的共同体，建立了所谓跨大西洋团结机制。[1] 美国主导的北大西洋公约组织，之所以没有和华约组织一道解散，不仅仅是强者的傲慢，也意味着美欧联盟所支撑的北大西洋世界帝国梦想仍未破灭。

这个世界帝国梦想推动了北大西洋标准的全球化。詹姆

---

〔1〕 Delbourgo, James, and Nicholas Dew (eds.), *Science and Empire in the Atlantic World*, Routledge, 2008, p. 14.

斯·斯科特设想了这样一个未来场景[1]：来自北大西洋的商人，在世界上任何一个地方走下飞机，迎接他们的都是一套熟悉的东西，从法律、商业、交通到物权、土地所有制和监管，都来自他们的故乡，只有食物、音乐、舞蹈和服饰保留了异国风俗特色，但即使是它们也完全成了商品。这是因为，18 世纪中期以来，北大西洋崛起的现代民族国家，凭借其基于科学的文化与政治霸权，以普世制度的名义大行其道，殖民帝国竞争和现代化发展竞赛推动了这套制度的普及，并在 1989 年之后从两个方向变成了一套单一的标准，意欲征服全世界。世界银行、国际货币基金组织、世界贸易组织、联合国教科文组织、国际法庭等国际组织，也都致力于在全世界范围内推行标准化的最佳实践，而这些标准也来自北大西洋国家。

从文明使命的载体到支配控制的工具，再到文明的控制或曰文化霸权，科学与帝国的兴起亦步亦趋，科学与帝国的扩张密不可分。晚近三十余年来，米歇尔·福柯和爱德华·萨义德的思想深刻影响了对殖民帝国的科学研究和对西方化的现代化的反思，布鲁诺·拉图尔将科学视为宗主国对殖民地本土知识进行转译的产物，为反思发展话语的变迁提供了

〔1〕［美］詹姆斯·斯科特：《六论自发性：自主、尊严，以及有意义的工作和游戏》，袁子奇译，社会科学文献出版社 2019 年版，第 90—94 页。

新的思想武器。[1] 发展中国家的学术界兴起了本土化浪潮，[2] 希望反思源于欧洲的主流科学，彰显本土文化的自主性及其对欧洲科学的影响，探寻自身的现代性。对于追求自主发展道路的发展中国家而言，要想开启发展议程的“去殖民化”进程，有必要重新理解科学与帝国的关系史，深刻反思北大西洋标准的全球化，进而厘清自己在多大程度上能将现代化与西方化区分开，找到真正符合自身传统、文化和人民需要的发展道路，谱写行稳致远的发展篇章。

---

〔1〕 Latour, Bruno, *Science in Action: How to Follow Scientists and Engineers through Society*, Harvard University Press, 1988, pp. 215–257.

〔2〕 Harrison, Mark, “Science and the British Empire”, *Isis*, 96 (1), 2005, pp. 56–63.

通过医学的治理：知识权威与全球健康政治

在新冠疫情引发的全球紧急状态中，医学与政治的关系愈加复杂多变。一方面，美国特朗普政府与其传染病专家彼此疏离，还频频发难世界卫生组织。2020 年 10 月，美国《新英格兰医学杂志》在题为“美国正在领导力真空中死亡”的社论中，强烈抨击美国政府在新冠疫情期间碌碌无为，却无视甚至诋毁医学专家的专业知识和能力，破坏人们对科学的信任，导致美国的患病人数和死亡人数都高居世界第一。在美国影响下，欧洲国家在戴不戴口罩、如何保持社交距离等传统防疫科学范畴的问题上也首鼠两端。这些反常的争拗，折射出医学与政治的关系在欧美发达国家正从相互加持走向龃龉不断。

另一方面，随着新冠疫情的发展，防疫举措、疫苗研发、公共卫生国际合作等健康议题在各国都迅速成为内外决策议程的首要事项。在国家政治层面，作为治理的重要知识源泉，医学的作用不可或缺；在国际政治层面，作为全球医学权威和健康治理的代表机构，世界卫生组织掌握着全球公共卫生危机事件的定义权，根据疫情发展实时调整事件定性，引导协调各国防疫。越来越多的亚非拉国家更迫切地需要医学专业人员发挥作用，需要有能力的国家提供防疫设备、经验和疫苗等国际公共健康产品。

由是观之，在全球防疫政治中，医学权威既前所未有地被挑战，又前所未有地被需要，这种矛盾反差促使人们审视医学与政治之间鲜活而又复杂的关系。事实上，国家治理与全球治理的每个领域和环节都离不开各类专家所代表的知识权威，[1] 他们提供智识、建立标准、制定规则，正如经济学者之于市场领域、[2] 法律人之于司法领域、[3] 核武专家之于安全领域[4]等。人类社会的健康政治领域同样离不开医学权威，这是晚近两百多年乃至四百多年来医学嵌入治理、融入现代社会治理术的结果。

---

〔1〕 Sending, O. J., *The Politics of Expertise: Competing for Authority in Global Governance*, University of Michigan Press, 2015.

〔2〕 Graz, J. C. & Hartmann, E., "Transnational Authority in the Knowledge-Based Economy: Who Sets the Standards of ICT Training and Certification?" *International Political Sociology*, 6, 2012, pp. 294-314. And Trommer, S., Hannah, E. & Scott, J. (eds.), *Expert Knowledge in Global Trade*, Routledge, 2016.

〔3〕 Vauchez, A., "The Force of a Weak Field: Law and Lawyers in the Government of the European Union", *International Political Sociology*, 2, 2008, pp. 128-144.

〔4〕 McGann, J. G., *Global Trends and Transitions in Security Expertise*, Routledge, 2018.

一、知识权威与政治治理

法国思想家米歇尔·福柯晚年在法兰西学院讲座式课程中，将现代国家的治理术视为西方社会现代进程的总体权力战略，由此启发了晚近四十多年来西方世界的治理术研究。[1] 在治理术视野下，欧洲中世纪的司法国家在15、16世纪转变为行政国家，欧洲国家逐渐“治理化”了。18世纪以来，以人口为对象的治理遍布西方世界，西方社会进入了治理术时代。所谓治理术，指的就是由各种制度、程序、分析、反思、计算和策略所构成的总体化权力战略，治理对象是人口，技术工具是安全配置，知识形式是“政治物理学”、政治经济学。[2] 因此，现代治理术本身就是一整套新的权力技术和知识体系，后者不仅仅意味着政治知识的专业化、职业政治家和国家理性的出场，也意味着科学革命所催生的各种知识权威开始大显身手。

---

〔1〕 治理术视角对中国学界影响也很大，代表作包括：赵晓力：《通过合同的治理——80年代以来中国基层法院对农村承包合同的处理》，载《中国社会科学》2000年第2期，第120—132页；渠敬东、周飞舟、应星：《从总体支配到技术治理——基于中国30年改革经验的社会学分析》，载《中国社会科学》2009年第6期，第104—127页；渠敬东：《项目制：一种新的国家治理体制》，载《中国社会科学》2012第5期，第113—130页；以及强世功：《惩罚与法治：当代法治的兴起（1976—1981）》，法律出版社2009年版等。

〔2〕［法］米歇尔·福柯：《安全、领土与人口：法兰西学院课程系列，1977—1978》，第113—143页。

1453年，东罗马帝国覆灭，这既是欧洲中世纪结束、“罗马天主教廷”神权统治秩序的土崩瓦解、文艺复兴开始的标志性事件，又拉开了地理大发现、宗教改革与资产阶级革命的序幕，还促进了欧洲人的思想解放和理性认知的发展，令自然科学的诞生成为可能。1543年哥白尼发表《天体运行论》提出“日心说”，更新了人类的宇宙观；1660年波义耳出版《物理、力学新实验》，为自然哲学确立了实验纲领；1687年，牛顿出版《自然哲学的数学原理》，创立了经典力学体系，为此后300年近代自然科学的整体发展奠定了理论基础；1859年达尔文发表《物种起源》，该书成为现代生物学与进化论的奠基之作，引发了人类思想的巨大变革……尽管充满波折反复，但正如法国社会学者布鲁诺·拉图尔所言，科学最终成为自然的定义者，每个新的科学学科的出现，都被视为一场摆脱旧制度桎梏的彻底革命。〔1〕“科学不仅决定着技术过程、经济制度和社会结构，也塑造着我们的日常经验、有意识的思考，甚至是无意识的情感”。〔2〕因此，科学革命带来的思想解放已然成为现代人的标识。

科学不仅定义着自然，塑造着人类思想，还影响着政治运行。1650年至1900年间欧洲现代国家形成与构建，同时

〔1〕［法］布鲁诺·拉图：《我们从未现代过》，余晓岚、林文源、许全义译，群学出版社2012年版，第41页。

〔2〕［瑞士］海德格尔·诺沃特尼、［英］彼得·斯科特、［英］迈克尔·吉本斯：《反思科学》，冷民等译，上海交通大学出版社2011年版，第1章第1页。

也是一个科学与政府间关系不断深化的过程。[1] 自然科学知识的兴起，形塑了欧洲人的地球意识。欧洲人“发现”新大陆、占取新世界是从重新划分地球分界线开始的，天文学、地理学、绘图学确立起地球球形表面的整体观念，助长了欧洲人的“欧洲中心主义”——欧洲既是老大陆的中心也是世界的中心，欧洲标准就是普适标准，欧洲文明就是文明本身，欧洲的现代国家模式就是非欧洲国家效仿的样板，欧洲基督教国家在16—20世纪的欧洲国际法中就是世界秩序的创造者和担纲者，欧洲人要“把地球管起来”。除了与欧洲对外殖民扩张和内部势力均衡体系相适应的战争技术、外交专业群体和常备军建制以外，欧洲各国内部的政治治理与知识权威的兴起也密不可分，从人口普查、社会统计、土地勘测、地图绘制、公共管理到政治决策，无一不被刻上深深的科学烙印。17、18世纪，国家治理向纵深发展，伴随国家理由的转型，对人口健康的治理成为国家治理的核心，这推动了医学、公共卫生、卫生工程、自然史、地质学、结构力学、土壤学、毒理学等知识权威的兴起，政府的触角也随之延伸到了人们脚下。[2] 最终，借助科学知识来控制疾病、延长寿命、增加国家财富的“政治医学”(political medicine)应运而生。

---

〔1〕［英］帕特里克·卡罗尔：《科学、文化与现代国家的形成》，刘萱、王以芳译，上海交通大学出版社2016版，第31页。

〔2〕［英］帕特里克·卡罗尔：《科学、文化与现代国家的形成》，第4—5页。

二、政治医学与健康政治

自16世纪起，重商主义就将人口视为不可或缺的国家财富源泉。[1] 1.0版的国家理由由此形成，即为了国家的福祉，必须确保人口的生命安全、保障人口这一财富源源不断。这要求治理者既要成为智慧且谨慎的立法者，又要了解国家生存所必需的现实力量，作为"国家的科学"的统计学由此诞生。不过，尽管早在17世纪70年代，威廉·配第（William Petty）就主张人的健康对于国家的实力和安全至关重要，但直至18世纪中期之前，医学在欧洲各国一直是医生专业协会的禁脔，国家从未直接介入。[2] 因此，在国家理由的1.0时代，医学还未被治理术"征用"，只是指医生对个体疾病的治疗，健康还不是一个群体概念。

医学进入国家的治理术，最早出现在18世纪中期至19世纪末的欧洲。彼时频繁发生的大饥荒和战争，推动欧洲的国家理由转向2.0时代，即从国家的福祉转向人口的幸福，从国家的存续扩大转向人口的健康，从让人活着转向让人健康地活着，对人口的治理变成了政治的关节，改善人口的生

---

〔1〕 Foucault, M., "Omnes et Singulatim: Towards a Criticism of Political Reason", in Lawrence D. Kritzman (ed.), *Michel Foucault: Politics, Philosophy Culture, Interviews and Other Writings 1977–1984*, New York: Routledge, 1988, p. 73.

〔2〕［英］帕特里克·卡罗尔：《科学、文化与现代国家的形成》，第158—203页。

存条件成为国家的责任，国家开始直接干预人的健康。在法国思想家米歇尔·福柯看来，在19世纪之前，疾病被视为整个社会政治经济困境的根源，为了处理工业革命所带来的社会悲剧之一，即海量穷人的疾病问题，“疾病政治学”（nosopolitics）在西方社会大行其道，这促成了18世纪医学知识的积累。随着同时期西欧人口的大幅增加，如何既将其人口纳入资本主义生产机器，又处理好劳动力的生产和维护，变成了那个时代的主题。因此，人口健康被问题化了，国家开始直接或间接地介入健康问题，医学治理逐渐成为普遍适用的干预形式。

国家通过医学的治理，推动了“疾病政治学”向“健康政治学”的转型，而“健康政治学”不仅承继了“疾病政治学”的主要功能，并且履行着源于中世纪牧领制度的引导责任，将医学深嵌于国家的治理术之中。西方社会的现代治理术不仅脱胎于中世纪天主教会的牧领权和牧领制度，还将后者纳入自身。“对灵魂的治理”在很大程度上转化为“对身体的治理”，治理术成为牧领权的新身体，现代医学的知识、机构和实践也传承着古老牧领权的灵魂，医学权威也因此越来越强大，成为一种强大的社会权力。[1] 在福柯看来，这首先表现为儿童成为牧领权向治理权转化的衔接点，儿童尤其是婴儿的哺育成为家庭医学化的轴心，举凡清洁、

---

〔1〕 Foucault, Michel., *Security, Territory, Population: Lectures at the Collège de France, 1977-1978*, Edited by Michel Senellart, New York: Palgrave Macmillan, 2009, p. 266.

卫生、强健的身体、干净通风的空间，个体、居所、床铺和器皿的摆放，以及哺育者与被哺育者的关系，都成为医学渗透进家庭的理由。原生家庭要为家庭的医学化承担道德责任、经济成本，弃儿医院、儿童收容所等救助孤儿的“新家庭”也不例外。其次，作为个体生活规则或预防医学的旧健康概念，转变成集体性的人口健康概念，由此产生了旨在消灭大规模流行病、降低死亡率、提高人口平均和预期寿命的公共卫生，让医学权威对公共治理的干预和控制变得顺理成章。医学的社会治理权大大扩张，不仅涵盖城市的空间规划，还包括监狱、船舶、港口以及流民、乞丐、残疾人混杂的综合医院等“疾病温床”的社会控制，医生还享有教育人们保持卫生的社会权力。结果，作为一种一般性的健康知识技术，医学权威在国家权力机器和治理体系中越来越重要，越来越多的医生出现在学界、政界，他们参与百科全书的编纂，成为政治顾问甚至大革命议会成员，而政府则为之组建医学专业学会并授予其行政管理权。总之，医生成了好社会乃至好政治的设计师。[1] 最终，作为配第政治算术逻辑链条的重要一环，“政治医学”诞生了。

“政治医学”的诞生意味着国家在健康领域的出场。为了预防疾病保障人口健康，必须建设供水系统，推动“厕所革命”，规范食品、药品生产，管理屠宰场和食物加工设备，

---

〔1〕 Foucault, M., “The Politics of Health in the Eighteenth Century”, *Foucault Studies*, 2014, pp. 113-127.

监管丧葬方式，修建道路设施，改善居住环境，设立监狱、收容所、贫民习艺所、学校和医院等人口治理机构，还要让济贫法发挥医学治理功能，让“济贫法委员会”雇用医学卫生官员行使公共卫生的调查权，最终建立起全国性的公共卫生治理体系。简言之，公共卫生成为“政治医学”、“国家医学”和医学治理的核心目标，健康治理成为社会治理的一部分，社会健康成为国家安全的重要构件，健康政治在民族国家层面崛起，现代国家被视为一种生命共同体和必须保障生命质量的“治安型国家”。[1]“政治医学”的出现标志着医学嵌入了国家的治理术，医学权威不仅享有政治和司法特权，而且享有经济和社会特权，医学与治理的紧密关系构造出一个“科学国家”的网络化治理结构，西方社会进入了“医学治理术”时代。

三、社会的医学化与医学治理术的全球化

社会的医学化（medicalization）是医学治理术时代的典型表征。晚近六七十年来，随着科学世界观取代道德或神学的世界观，成为支配社会思想的主导观念，医学享有了高度

〔1〕［英］帕特里克·卡罗尔：《科学、文化与现代国家的形成》，第203页。

权威并成为科学世界观的技术工具，[1] 西方发达的工业化国家率先进入社会的医学化过程，社会问题被视为必须通过医学来控制、引导、干预和治疗的医学疾病或障碍，[2] 这大大强化了医学权威的社会治理权。20 世纪 50 年代，结构功能主义的代表人物、美国社会学家帕森斯（Talcott Parsons）通过分析精神病学家对越轨行为的“裁决”，所揭示的正是医学的这种社会控制功能。[3] 20 世纪 60 年代，随着城市化、工业化的进一步发展，社会的医学化进程加速，医学行业成为一种拥有至上地位的职业，医学知识俨然成了一种颇具排他性的新权威，甚至成为一种新的意识形态。伴随着现代社会结构和经济发展的巨大变迁，越来越多的现代人成为社会医学化进程的见证者，目睹了多动症、成瘾行为、整容、饮食、睡眠、亲密行为、生育行为等个体或社会行为如何被贴上“健康”与“疾病”的标签。[4] “医学专家”渗透进了现代人的日常生活，城市中产阶层的运动健身热潮

---

〔1〕 Conrad, P., *Identifying Hyperactive Children: The Medicalization of Deviant Behavior*, Burlington VT: Ashgate, 2006, p. 93. 转引自韩俊红：《医学脱嵌于社会——当代西方社会医学化研究述评（1970—2010 年）》，载《社会学研究》2020 年第 2 期，第 225 页。

〔2〕 Conrad, P., “Medicalization and Social Control”, *Annual Review of Sociology*, 18, 1992, pp. 209-232.

〔3〕 Parsons, T., “Illness and the Role of the Physician: A Sociological Perspective”, *American Journal of Orthopsychiatry*, 21 (3), 1951, pp. 452-460.

〔4〕 韩俊红：《医学脱嵌于社会——当代西方社会医学化研究述评（1970—2010 年）》，第 219—241 页。

都离不开健康标准数据的指引，达不达标成了每日一问。

美国社会学家欧文·左拉（Irving Zola）将这种现象视为医学潜能与社会需求一拍即合的直接后果。[1] 进入21世纪以来，“生物医学化”借助技术科学（Technoscience）成为社会医学化的新形式。以“生物”作为标识的生物医学，囊括分子生物学、生物技术、基因重组、移植医学和新医疗技术等科技创新，借助计算机与信息技术，重塑着生命科学和生物医学的技术、信息、组织及其制度化的基础设施，最终可能令人类和非人类的生存状态都发生新的变革。[2] 晚近三四十年来，社会的医学化愈益突破南北分界，成为一个全球性的现象。[3] 全球性的社会医学化过程，既增强了医学权威对社会的治理权，又让“通过医学的治理”内化于个体的日常生活。

与之相应，“医学治理术”进入了一个全球化的时代。1977年，瑞典精神病学家克拉伦斯·布隆奎斯特（Clarence Blomquist）曾经这样批评现代社会对“精神病学知识”的滥用：“医生的威望和魅力似乎比其助人的能力增长得更快。正是在这种乐观的狂热中，世界卫生组织对健康的著名定

---

〔1〕 Zola, I., “Medicine as an Institution of Social Control”, *Sociological Review*, 20, 1972, pp. 487-503.

〔2〕 Clarke, A. E., Shim, J. K., Mamo, L., et al., “Biomedicalization: Technoscientific Transformations of Health, Illness, and U. S. Biomedicine”, *American Sociological Review*, 68 (2), 2003, pp. 161-162.

〔3〕 Conrad, P., *The Medicalization of Society: On the Transformation of Human Conditions into Treatable Disorders*, Baltimore: Johns Hopkins University Press, 2007, p. 164.

义，反倒让全世界陷入一种不健康的病态，进而赋予医生在任何地点干预一切事务的正当性”。[1] 他这番话是针对苏联而言，有些夸大其词，但却道出了医学治理术全球化的突出特征。

医学治理术的全球化主要受两大因素推动。一是全球交通网络的大发展所推动的全球旅行的大增长，这既促进了全球的经贸与人文交流，又增加了传染病的传播风险。全球史研究奠基人威廉·麦克尼尔（William McNeill）曾经这样说过，自16世纪开始，随着欧洲的交通线跨越整个地球的海洋和海岸线，没有哪个大国能置身于疾病传播网之外。[2] 19世纪以来，人均旅行量已经增长了1000多倍。[3] 现代人的旅行速度大大超过国家对边界的监控力度和响应速度。1994年，印度苏拉特市爆发鼠疫疫情，在该消息公布的48小时内，50多万人迅速逃离家园，引发了全球恐慌。[4] 2020年的新冠疫情，更让人们直观地感受到，致命的疾病如何伴随人员的跨境流动迅速成为全球问题。毕竟，微生物比人类享有更多的自由，也具有更大的遗传可塑性，对于微生物来

---

〔1〕 Greenberg, J., “The Ethnics of Psychiatry: Who is Sick?”, *Science News*, 112 (21), 1977, pp. 346–347.

〔2〕 McNeill, W. H., *Plague and People*, New York: Anchor Books, 1976, p. 212.

〔3〕 Institute of Medicine, *Microbial Threats to Health: Emergence, Detection, and Response*, Washington, DC: National Academic Press, 2003, p. 107.

〔4〕［加拿大］马克·扎克、［加拿大］塔尼亚·科菲：《因病相连：卫生治理与全球政治》，谭继勇译，浙江大学出版社2011年版，第17页。

说，世界就是一个没有边界的单一实体。[1] 因此，无论病源何处，"联合协作"才能找到治病之道，谁也无法"独善其身"。

二是科学技术的进步，包括对疾病的全球信息监测技术，尤其是医学知识的进步。监测技术让世卫组织这种国际组织有能力向全球各国通报传染病的暴发信息，这类监测机制包括 1994 年正式启动的"全球新发疾病监测邮件系统（ProMED-Mail）"、1997 年加拿大与世卫组织合作建立的"全球公共卫生情报网（GPHIN）"，以及 2000 年世卫组织领导成立的"全球疫情警报和反应网络（GOARN）"等。当然，从根本上说，正是医学知识的进步，包括微生物的研究发现、药物和疫苗的研发等，既提升了医学权威的地位，又推动医学治理术的全球化。

医学治理术全球化时代的特征主要表现在三个方面：全球健康治理的机制化、医学知识全球影响力的网络化和健康的安全化。

（一）全球健康治理的机制化

作为针对相互依存的国际或跨国问题的集体机制，全球治理的核心议题长期聚焦在经济治理、债务问题、环境危机上，近年来才逐步囊括了健康问题，因为它不仅可能威胁全

---

〔1〕 Levy, S B. , "Microbial Threats and the Global Society", *Emerging Infectious Diseases*, 2 (1), 1996, pp. 62-63.

球公共卫生状况，还可能严重影响全球社会与经济的稳定运行，从而在总体上影响有关国家或地区的人类发展水平。全球健康治理关注的是超越国家边界直接或间接影响全球人民的健康问题，包括传染病的全球传播、健康恶化和贫困及其恶性循环所导致的政治不稳定等议题。与其他全球性领域一样，全球健康治理组织最初也以国家为基础，后来逐渐扩展至国与国之间，衍生出一个复杂的全球卫生组织体系。[1]

全球健康治理的雏形可以追溯至欧洲中世纪末期。在黑死病暴发期间，欧洲各国政府试图控制被感染的旅行者和船只的跨国流动。1403 年，威尼斯在其主要入海口设置检疫站，防止染病船员入关；[2] 1527 年，一些国家立法要求进港船只出示检疫证书，这一做法在 1665 年被大部分国家采用。[3] 只是当时的国际治理仍然处于各自为政状态，只有旨在防止流行病在国家间传播的举措，所以各国重在“单防”而非“联治”，并不存在真正的国际治理机制。事实上，西方早期现代民族国家同时也是殖民帝国，民族国家的形成与殖民帝国的兴起同步，现代医学的诞生首先服务于帝国殖民者的健康，而作为被殖民对象的非西方世界恰恰被视

---

〔1〕 Hein, W., Bartsch, S. & Kohlmorgen, L., *Global Health Governance and the Fight Against HIV/AIDS*, Palgrave Macmillan, 2007, pp. 1, 8 & 9.

〔2〕 Hinman, E. H., *World Eradication of Infectious Diseases*, Springfield: Charles C. Thomas, 1966, p. 33.

〔3〕 Berkov, R., *The World Health Organization: A Study in Decentralized International Administration*, Geneva: Librairie E. Droz, 1957, p. 36.

为疾病的根源，这一点尤其体现在英帝国的世界观中。英帝国也被称为“热带帝国”，热带被视为发病率和死亡率都非常高的疾病带，帝国热带医学研究的兴起和殖民部的财政支持，成为帝国将其被征服者文明化的工具。[1] 如果说那时有什么国际健康治理机制，那也只存在于帝国内部的宗主国与殖民地之间。

只有在遇到不受帝国边界束缚的传染病之后，殖民帝国和民族国家之间的健康治理机制才转向国际化。19 世纪上半叶，为了防止中东传染病影响欧洲，中东地区成立了一些由当地人和欧洲人组成的卫生委员会。1851 年 7 月 23 日，为了遏制霍乱的影响，奥地利、法国、英国、葡萄牙、俄罗斯、西班牙、撒丁王国、西西里王国、教皇国、托斯卡纳、希腊、土耳其等国的医生和外交官，在法国巴黎召开了第一次国际卫生会议，意在制定国际卫生公约，尽管因各国利益纷争未能达成，但这次会议中由医生和外交官享有平等表决权的组织机制，意味着医学权威开始正式介入全球健康治理。历经近半个世纪之后，该公约最终于 1892 年缔结生效，即关于霍乱防疫的国际卫生公约。其后，各国逐步加强合作，在融合 1892 年、1893 年、1894 年的霍乱防疫公约和 1897 年鼠疫防疫公约的基础之上，于 1903 年达成第一个主要的全球卫生协定《国际卫生公约》；1907 年成立了第一个

---

[1] Worboys, M., “British Colonial Science Policy, 1918-1939”, *Colonial Sciences: Researchers and Institution*, 2, 1996, pp. 99-112.

全球卫生机构即国际公共卫生办公室（IOHP），1948 年为世界卫生组织所取代。自此，健康治理的层级从国际向全球拓展。这些全球性的公共卫生规则和健康治理组织在通报全球传染病暴发、提供医学知识和健康公共产品以及促进南北合作等方面发挥着不可替代的作用，并拉开了现代全球健康治理的序幕。随着全球化在美国新自由主义的推动下于 20 世纪末达到巅峰状态，全球健康治理机制真正具有了空间上的全球性。不过，21 世纪以来，以美国为代表的北大西洋国家在深陷贫富分化泥沼之后，政治上转向民族主义，文化上转向保守主义，经济上转向逆全球化，宗教上转向原教旨主义，社会价值观念转向反智主义，这在某种程度上导致以世界卫生组织为代表的全球健康治理机制陷入权威危机。

全球健康治理机制从无到有，除了医学权威直接介入全球健康治理组织以外，与疾病控制与治疗相关的医学知识与能力的增长也至关重要。针对霍乱的国际卫生公约能在 1892 生效，与同期的病原微生物研究、[1] 相应疫苗的研制成功，以及杀虫剂滴滴涕（DDT）的研制等一系列医学进步密不可分。简言之，从防控、治疗疾病的公共卫生项目到疫苗研发、教育倡议等所涉及的信息监测、规则制定和卫生援助，各种最基本的健康治理方式都在不同程度上有赖于疾病防治的知识水平，如果没有充分的科学基础，健康治理机制就无

〔1〕 19 世纪八九十年代，法国微生物学家巴斯德与德国细菌学家科赫对微生物的研究，被视为西方世界流行病历史的转折点。

法运行，更不可能扩展。[1] 医学权威与全球健康治理组织之间的互嵌共生关系，是健康治理机制运行和扩展的基石，这种关系在科学进步、健康治理转型、社会医学化和医学知识发展等多重因素推动下得以建立起来，并在“医学知识全球影响力的网络化”和健康的“安全化”过程中得以深化，共同推动着医学治理术的全球化。

（二）医学知识全球影响力的网络化

“知识就是力量”，政治行动依赖社会知识，获取和控制知识愈加成为决定权力的实际构成与使用方式的关键因素。各国越来越清晰地意识到科学技术知识在治理中的基础作用，因为它既可以让议程设置、政策制定和政策执行更科学，又为政治决策、法律和公共政策提供了学术上的正当性，这推动了各种专业知识网络的形成及其影响力的扩大。对于全球或区域性的国际组织而言，知识网络在知识的生产者和政治的决策者之间所建立的紧密联系，同样也是权力关系的毛细血管，[2] 成为全球化时代医学治理术的组织机制的一部分。

知识网络由围绕某个特殊议题组织起来的专业机构、学

---

〔1〕［加拿大］马克·扎克、［加拿大］塔尼亚·科菲：《因病相连：卫生治理与全球政治》，第 173 页。

〔2〕Stone, D., *Knowledge actor and transnational governance: The Private-Public Policy Nexus in the Global Agora*, New York: Palgrave Macmillan, 2013, p. 37.

术研究团体和科学团体构成。个体进入该网络的门槛是其知识能力获得专业群体或官方的认可，具体方式包括在专业期刊上发表论文，加入专业组织，以及参与专业会议等，这些有助于提升其学术或思想的可信度。在新冠疫情期间，中国工程院的陈薇团队在《科学》上发表新型冠状病毒抗体研究；美国加利福尼亚大学医学院的研究人员在《新英格兰医学杂志》上发表新冠感染者免疫力研究；英国牛津大学的科学家在《柳叶刀》上发表新型冠状病毒疫苗研究等，通过专家建言、政策报告和大众媒体的传播，这些普通人通常很陌生的期刊及其所承载的新知识几乎一夜之间变得家喻户晓。知识网络凭借知识的权威性和处理相应问题的高度专业性获得社会威望和政治地位，进而为其成员打开了进入政治体系的通道。在充满不确定性的全球突发公共卫生事件面前尤为如此，这是因为，决策者往往没有经验可循，需要求助于知识权威。[1] 新冠疫情期间，美国国家过敏症和传染病研究所所长安东尼·福奇（Anthong Fauci）以及美国免疫学专家黛博拉·伯克斯博士（Deborah L. Birx）都进入白宫应对新冠病毒特别小组，与总统一起参加新闻发布会，就专业问题答疑解惑，为政府的健康治理政策的知识正当性背书。当然，这并非美国的“专利”，通过医学知识的确定性来补偿政治决策的不确定性，是全球公共卫生危机时期的普遍现

〔1〕 Stone, D., *Knowledge actor and transnational governance: The Private-Public Policy Nexus in the Global Agora*, New York: Palgrave Macmillan, 2013, p. 47.

象，在很多国家都存在。

专家知识网络深刻地影响了全球医学治理术的信息监测、规则制定和援助供给。

全球健康治理组织设立的初衷就是及时通报全球传染病的暴发，上文提到的几个通报系统基本都是由医学专家群体促成、维护或管理的。1994 年启动的“全球新发疾病监测邮件系统”，就是由 1903 年医学专家会议首次倡议建立联络全球公共卫生专家的电子网络。该系统自 1999 年起由国际传染病协会管理，其电子邮件服务器设立在哈佛大学公共卫生学院，[1] 目前已成为提供全球疾病暴发信息的最重要来源之一。1997 年开始运作、2000 年由世卫组织正式创立的“全球疫情警报和反应网络”，整合了现有的组织和网络合作机制，意在集中人力和技术资源，快速识别、确认和应对国际上重要的疾病暴发，其成员广涉国际组织、政府机构、非政府组织以及各种医学科研部门，[2] 中国疾病预防控制中心也是其合作伙伴。

信息监测为全球医学治理术奠定了事实基础，与之密切相关的治理形式是基于确定标准的规则制定，它令全球健康治理组织得以确定全球传染病威胁、制定相应的健康治理规则并定义全球突发公共卫生事件，进而获得相应的国际权

〔1〕 Woodall, J. & Calisher, C. H., “ProMED-mail: background and purpose”, *Emerging Infectious Diseases*, 7 (3 Suppl), 2001, p. 563.

〔2〕 世界卫生组织：《全球预警和应对》，https://www.who.int/csr/outbreaknetwork/zh/。

威。这种全球“健康立法权”具体包括下述三个方面。一是确认全球性传染病清单，这包括删除权，1969 年和 1981 年，鉴于回归热、斑疹伤寒症和天花等传染病在全球不再构成严重健康威胁，《国际卫生条例》将这些疾病从清单中删除了。二是确定全球基本药物目录，以满足大部分人口医疗用药的需求。世卫组织专家组于 1977 年制订并发布了第 1 版《基本药物示范目录》，截至 2019 年已更新至第 21 版，为成员国制定本国基本药物目录提供指南。三是根据传染病对各国的影响来定义全球突发公共卫生事件，并提供防疫建议等。2020 年 1 月 31 日，世卫组织正式宣布新冠疫情为“国际关注的突发公共卫生事件”。

世卫组织对 2003 年非典型肺炎疫情（SARS）的处理，堪称医学知识网络参与全球医学治理规则制定的经典事例。首先，来自 10 个国家的 13 个实验室的流行病专家们组成知识网络，负责研究致病源，世卫组织为他们提供了从始发地中国得来的病毒样本。当年 4 月，加拿大温哥华的英属哥伦比亚癌症研究所与美国的疾控中心先后成功分离出 SARS 病原体。4 月 16 日，世卫组织公布冠状病毒的国际标准数据。其次，世卫组织创建了一个由 14 国 50 位临床医生组成的知识网络，来定义 SARS 并提出防控建议。最后，世卫组织还组建了一个由 11 国 32 位流行病学家组成的知识网络，负责收集数据和研究 SARS 的特点。“全球疫情警报和反应网络”还动员了来自 17 国 26 家机构的 115 位专家帮助控制 SARS 的传播，他们组建了全球流感监控网络，对疾病进行定义，并指导设定防控标准。[1] 在此次新冠疫情中，世卫组织协调多国医学团体参与名为“团结”的临床实验，希望找到确定有效的治疗方法，这亦是在确立普遍适用的医学诊疗标准。[2]

最后是全球医学治理的卫生援助，最主要的形式是成立专家组，组织医学专家，向健康问题严重的国家提供建议，帮助各国控制疾病暴发。世卫组织全球新冠疫情应对评估专家组，就是由包括我国医学权威钟南山院士在内的医学专家和来自墨西哥、利比亚、新西兰和英国的政治领导人共同组成。世卫组织与各国医学专家建立了正式的合作机构，即世界卫生组织人力资源合作中心（WHOCC），成员来自 80 多个国家的 800 多家机构，主要包括各国的疾控中心、医院以及大学的医学研究机构，其中包括我国的上海市血液中心、首都儿科研究所、南京中医药大学等。世卫组织合作中心还获得了疾病暴发研究领域的重要实验室的支持，包括法国巴斯德研究院、英国波顿·唐实验室、南非国家传染病研究所、美国陆军传染病医学研究院等。

---

〔1〕［加拿大］马克·扎克、［加拿大］塔尼亚·科菲：《因病相连：卫生治理与全球政治》，第 79—80 页。

〔2〕世界卫生组织：《治疗 COVID-19 的“团结”临床实验》，https：//www. who. int/zh/emergencies/diseases/novel-coronavirus-2019/global-research-on-novel-coronavirus-2019-ncov/*solidarity-clinical-trial-for-covid-19-treatments*。

（三）健康的安全化

冷战结束以来，安全研究开始超越传统的国家与军事安全范畴，扩展到政治安全、经济安全、环境安全、人身安全等诸多非传统安全领域。与这一趋势相应的是“安全化”，即“通过给某个事物贴上安全威胁标签，将其变成安全问题”,〔1〕进而采取特殊措施使之免受威胁。顾名思义，健康“安全化”是指将健康问题贴上安全威胁标签，并追踪这种安全框架如何影响当代治理。“健康安全”这一概念对国际卫生政策的制定和实施的影响越来越大,〔2〕有人甚至认为全球健康治理已经进入“后安全化”阶段，现代人普遍认为健康问题当然是安全问题,〔3〕这也是社会医学化进程的一部分。过去，除军事医学以外，安全问题往往被视为非医学问题。现在，疾病被视为不安全之源，需要医学专业知识进行干预。心血管疾病成为人类“第一大杀手”，2001 年美国遭遇炭疽病毒袭击，2020 年新冠病毒在全球造成过亿人确诊、超百万人死亡，诸如此类的疾病和化学武器袭击，都催

---

〔1〕 Waever, O., “Securitization and Desecuritization”, in Ronnie D. Lipschutz (ed.), *On Security*, Columbia University Press, 1995, p. 54.

〔2〕 Bell, C., “Hybrid Warfare and Its Metaphors”, *Humanity: An International Journal of Human Rights, Humanitarianism and Development*, 3, 2012, pp. 225-247.

〔3〕 Fidler, D., “A Pathology of Public Health Securitism: Approaching Pandemics as Security Threats”, in A. F. Cooper, J. J. Kirton and T. Schrecker (eds.), *Governing Global Health: Challenge, Response, Innovation*, Aldershot: Ashgate Publishing, 2007, p. 41.

生并放大了国家与个体的“不安全感”。传染病对国家总体安全构成的威胁，也已经成为一个区域性或全球性的普遍现象。与之相应，医学机构成为全球政治中愈加强大的社会政治组织，医学专家在审议安全问题和安全知识供给上享有更高的社会地位和政治影响力。

正是在健康安全化的大背景下，联合国开发计划署 1994 年的《人类发展报告》主张转变安全观的中心，从以国家为中心转向以人为中心，并首次明确将“健康安全”纳入这种新的世界观。[1] 世卫组织 2007 年的《世界卫生报告》进一步将群体健康纳入“全球公共卫生安全”，将之定义为：“为尽可能减少危及跨国和跨区域的群体健康的紧急公共卫生事件发生的可能性，而采取的前瞻性和回应性行动”。[2] 健康被重新确定为国家安全和国际安全问题，全球健康安全获得前所未有的关注，涌现出大量相关行动者。[3] 这种“话语塑造”在下述三个方面扩大了健康安全的范畴，增强了医疗专业人员在全球安全决策与实践中的作用，并赋予其更大的影响力和社会控制权。

其一，传染病导致的健康安全问题。大流行病、新发传

---

〔1〕 UNDP, Human Development Report, 1994, refer to http://hdr.undp.org/sites/default/files/reports/255/hdr_1994_en_complete_nostats.pdf.

〔2〕 世界卫生组织：《2007 年世界卫生报告——构建安全未来：21 世纪全球公共卫生安全》，人民卫生出版社 2007 年版，第 ix 页。

〔3〕 Williams, O. D. and Rushton, S., “Are the ‘Good Times’ Over? Looking to the Future of Global Health Governance”, *Global Health Governance*, 5, 2011, pp. 1-16.

染病、艾滋病等传染病对世界历史的影响，比我们大多数人想象得还要深远。[1] 大范围流行的传染病破坏力很大，可以直接威胁一国的国家能力，危及国民生命、放缓经济发展、削弱军队力量，甚至引发暴乱。中世纪欧洲暴发的黑死病加速了贫富分化，在英国、法国、意大利、比利时等国都引发了农民暴动。而受新冠疫情严重冲击的美国，在经济停滞的催化下，多州暴发大游行，后者又与种族事件缠绕交织，激发了大规模的暴乱。1918 年的西班牙大流感成为人类流行病史上的梦魇，在全球范围内造成 5000 万人死亡。21 世纪以来，各种区域性或全球性的传染病更是每隔几年就向人类发动一次攻击。

1990 年，美国中央情报局首次将艾滋病毒/艾滋病列为可能导致“失败国家”的因素，[2] 因为这些失败国家很可能成为恐怖主义的温床进而威胁美国。尽管美国国内对这一标准尚存争议，但在美国影响下，2000 年联合国安全理事会第 1308 号决议明确将艾滋病毒/艾滋病确定为对国际和平与安全的威胁。[3] 2002 年，全球健康安全倡议书又将健康安

---

〔1〕 McNeill, W., *Plagues and Peoples*, New York: Anchor Press, 1976; and Sherman, I., *Twelve Diseases That Changed Our World*, Washington, DC: ASM Press, 2007.

〔2〕 Fourie, p. and Schönteich, M., "Africa's New Security Threat", *African Security Review*, 10, 2002, p. 8.

〔3〕 Feldbaum, H., Lee, K. & Patel, P., "The National Security Implications of HIV/AIDS", *PLoS Medicine*, 3 (6), 2006.

全威胁的范围扩大到具有大范围流行可能的流感。[1] 因此，流行病学、微生物学等方面的医学专家越来越多地参与到新健康安全方案的制订之中。其中，包括美国战略与国际研究中心的艾滋病毒/艾滋病工作组，英国皇家国际事务研究所的全球健康安全中心，以及 2005 年欧盟为弥补新传染病的防治能力短板在斯德哥尔摩成立的区域性组织——欧洲疾病预防和控制中心等，活跃于其中的医学专家们，积极介入与传染病所引发的全球健康问题有关的安全与外交决策之中。[2]

其二，精神疾病导致的健康安全问题。社会学家帕森斯和精神病学家布隆奎斯特都分析过精神病学家的社会控制功能。21 世纪以来，精神医学权威的影响力在全球范围内持续扩展，其标志就是“精神病态”已被视为一种安全威胁。因此，针对难民的心理干预项目迅速发展起来，改善心理健康促进国家发展项目（MIND）也将抑郁症视为国家经济与发展的一大障碍。2003 年 4 月，入侵伊拉克的美军推倒了伊拉克精神病院艾尔·拉沙德（Al Rashad）医院的围墙，上千名“暴力、危险、可能杀人”的病人逃跑，当地陷入混乱的

[1] Elbe, S., *Security and Global Health: Towards the Medicalization of Security*, Cambridge and Malden: Polity Press, 2010, p. 5.

[2] Rushton, S. & Youde, J., *Routledge Handbook of Global Health Security*, Routledge, 2015, pp. 75-76.

无政府状态。[1] 于是，精神病专家被迅速集结部署。美国药物滥用与心理健康服务局与世卫组织一起，集合了精神病学和心理学专家，制定了一项伊拉克心理健康计划，[2] 希望妥善处理“精神病人”带来的威胁。此外，对战争创伤后遗症、“自杀式炸弹”袭击者的精神状态、关塔那摩监狱囚徒的病态化等特殊群体健康问题的研究，[3] 也是精神病学、心理学等“健康学科”被“征用”服务于国家和国际安全需要的例证。

其三，生化武器导致的健康安全问题。作为一种“反向的公共卫生”，生物战古已有之。[4] 由于这种战争对于群体健康的打击过于残暴，禁止使用有毒武器成为一条不成文的战争法则，但实际上屡禁不止。公元前 595 年至公元前 585 年的古希腊德尔菲（Delphi）的近邻同盟（amphictyonic league）与基拉哈城之间爆发希尔拉战争（Crriaean War），德尔菲一方利用螺旋藻在通向基拉哈城的水道中下毒，基拉

[1] Howell, A., “Sovereignty, Security, Psychiatry: Liberation and the Failure of Mental Health Governance in Iraq”, *Security Dialogue*, 41 (4), 2010, pp. 347-367.

[2] SAMHSA (Substance Abuse and Mental Health Services Administration), “Helping Iraq Restore Its Mental Health System”, *SAMHSA News*, 13 (3) (May/ June), 2005. United States Department of Health and Human Services.

[3] Howell, A., *Madness in International Relations*, London: Routledge, Taylor & Francis Group, 2011, pp. 1-2.

[4] Rosebury, T., *Peace or Pestilence: Biological Warfare and How to Avoid It*, New York: McGraw-Hill, 1949.

哈城守军遭受重创，最终城败灭亡。[1] 1346 年，蒙古人在与卡法城的战役中，曾将感染鼠疫的尸体弹射到卡法城内，作为攻城之法。在第一次世界大战期间，德国曾借助微生物学知识大肆破坏从中立国运往盟国的骑兵和役畜。在第二次世界大战初期，英国、法国、日本、苏联和美国等大国都制定了进攻性或防御性的生物战计划，臭名昭著的日本 731 部队就是其中的反面典型，这些以国家为基础的生物战方案被视为对国际安全的唯一生物威胁，针对于此，《禁止化学武器公约》与《禁止生物武器公约》应运而生。但现在非国家行为体也可能利用生物制剂发动袭击，令生化武器引发的健康安全问题变得日益突出。因此，自 1990 年代中期起，安全专家就不断呼吁投入更多研究基金并完善监测体系，来应对生物恐怖主义威胁；2001 年“9・11”事件之后的炭疽信件袭击，则将生物恐怖主义提升为国际安全要务，各国都开始加大投入筹建生物恐怖主义防御系统。[2]

医学和化学专家在生化武器领域中的角色有点复杂。一方面，进攻型和防御型的生化武器的研发都离不开这两类专家的参与，而且通常是高精尖的专业人员。冷战期间，美苏

---

〔1〕 Mayor, A., *Greek Fire, Poison Arrows, and Scorpion Bombs: Biological and Chemical Warfare in the Ancient World*, New York: The Overlook Duckworth, 2003, pp. 100-101.

〔2〕 Rushton, S. & Youde, J., *Routledge Handbook of Global Health Security*, New York: Routledge, Taylor & Francis Group, 2015, p. 125. 以及［加拿大］马克・扎克、［加拿大］塔尼亚・科菲：《因病相连：卫生治理与全球政治》，第 56 页。

曾经展开过生化武器的研发竞赛，双方都为此建立了精密的实验室，比如美国马里兰州的德特里克营（即著名的德特里克堡生化实验室的前身）；苏联奥博连斯克的应用微生物研究所和科尔佐沃的分子生物学科学研究所。现在，尽管一些国家依然在研发化学武器，不过在《禁止化学武器公约》和《禁止生物武器公约》的限制以及国际舆论的压力下，这些国家往往都声称自己的生化研究只是防御型的。在 2001 年遭遇炭疽信件袭击后，美国疾控中心应对美国本土生物和化学攻击的医药战略储备大幅增加，疾控中心的医学专家不断更新处理所谓 A 类病原体的医药清单，并制定受到攻击时的应对措施。2004 年，布什政府又启动了“生物盾”计划，将研究人员、医学科学家和生物医药专家重新组织起来，提升了美国预防生物恐怖袭击的能力，也推动了美国的医学研究、药物开发和生物防御疫苗的研发。

当然，另一方面，进攻型与防御型生化研究的界限很难明确，需要更为专业的知识对生化研发进行限制。所以，知识专家们在反对生化武器上也发挥着重要作用。“禁止化学武器组织”成立于 1997 年，第二年就设立了科学咨询委员会，由缔约国推荐自然科学领域和化学武器防御领域造诣深厚的专业人士组成，“审查可能影响公约实施的科学和技术发展”，并“使总干事在执行职务时能向大会、执行理事会或各缔约国提供与公约有关的科学和技术领域的专门咨询意见”。委员会还设立多个临时工作组，专门研究现场采样分析、生化融合、核查等问题，对《禁止化学武器公约》监控化学品的宣布标准与使用范围提出科学建议，其生化融合研究对《禁止化学武器公约》和《禁止生物武器公约》的履行都产生了重要影响。[1] 此外，科学专家们还承担着教育大众使之了解禁止生化武器知识的责任。为了防止生命科学技术的滥用，在1986年《禁止生物武器公约》第二次审查会议上，缔约国商定在教科书和医学、科学与军事教育方案中，列入禁止细菌（生物）和毒素武器以及《日内瓦议定书》相关规定的材料。科学家们不仅要了解自己的《公约》责任，还要在科学技术迅速变化之际，为禁止化学与生物武器工作贡献专门知识。[2] 一些专家还就此专门设立了一个由神经科学家、神经伦理学家和安全专家参与的知识网络，共同研究如何为神经科学家设计开源模块，为相关课程提供知识基础。[3]

总之，现代人秉持科学世界观，深信总能借助正确的知识找到问题的解决方案，以科学共识形式出现的知识往往被视为变革的源泉，知识权威因此成为全球治理的正当性源泉，国际组织对知识权威的依赖也使之得以更深入地介入全球治理体系。但是，医学领域的政治化、医药供给的市场化

---

〔1〕 唐程：《科学技术发展与履行〈禁止化学武器公约〉》(2016年4月28日)，中国监控化学品协会，http：//www.zjhx.org/view.asp? id=2371。

〔2〕 Petro, J. B., Plasse, T. R. & McNulty, J. A., "Biotechnology: Impact on Biological Warfare and Bio-defense", *Biosecurity and Bioterrorism*, 1, 2003, pp. 161-168.

〔3〕 Rushton, S. & Youde, J., *Routledge Handbook of Global Health Security*, Routledge, 2015, p. 252.

和医学权威的“霸权化”等问题，仍然困扰着当代世界的医学治理术。

四、医学治理术全球化的当代困境

（一）医学领域的高度政治化

晚近三十年来，尽管科学已经名正言顺地进入政治决策的殿堂，早在1992年，联合国环境与发展大会通过的《21世纪议程》就曾号召各国加强科技界与决策者之间的联系，让政策的制定和执行都能更多地利用科技知识。[1] 但是，对科学能否及如何参与政治决策的争议从未停止过。一方认为决策依然缺乏科学性，需要科学共同体更多地介入；另一方认为科学知识本身具有不确定性，科学家也有“经济人”属性，比如气候学家也会陷入破窗效应，通过数据造假来误导全球气候决策，无法保证科学参与决策的可靠性和无私性。[2] 事实上，不光科学家有可能逐利，科学也经常被政治化，因为科学已经受制于政府和商业机构的资助，不再是

---

〔1〕 联合国：《21世纪议程》（第31章：科学与技术界），https://www.un.org/chinese/events/wssd/chap31.htm。

〔2〕［美］戴维·雷斯尼克：《政治与科学的博弈：科学独立性与政府监督之间的平衡》，陈光、白成太译，上海交通大学出版社2015年版，总序第3页。

少数人的业余爱好。[1] 因此，美国健康社会学者克莉斯汀·巴克（Kristin Barker）认为，人们“不能将医学化的发展史等同于科学成就的历史”，[2] 很多医学化案例都缺乏循证医学意义上的科学支撑，只是在医学与社会或政治的相互妥协中达成了某种“共谋型平衡”。

当然，当代医学治理术的高度政治化的主要原因在于，健康治理与其他问题域重叠交织、难分难解，尤其是在传染病防控上。全球医学治理政策的变化可能极大地影响人权、贸易、经济发展和安全等治理领域，这些领域的变化也会反过来影响健康治理的方式方法。[3] 其中，政治领域与全球健康治理领域之间的关系尤其如此。按照功能分化理论的代表人物、德国社会学家尼克拉斯·卢曼的说法，世界社会（World Society）包含政治、经济、科学和教育等多个功能系统，只有政治系统在国家边界内进行功能分化，其他系统都已出现超越国家边界的趋势。[4] 与之不同，迈克尔·祖恩（Michael Zürn）等国际政治社会学者认为，正是这种张力让现代国家的政治系统可以长期控制其他系统，并限制和阻止

〔1〕 Ziman, J., *Real Science*, Cambridge: Cambridge University Press, 2000.

〔2〕 Barker, K. K., "A Ship Upon A Stormy Sea: The Medicalization of Pregnancy", *Social Science & Medicine*, 47 (8), 1998, pp. 1067-1076.

〔3〕 ［加拿大］马克·扎克、［加拿大］塔尼亚·科菲：《因病相连：卫生治理与全球政治》，第173—175页。

〔4〕 Luhmann, N., "World Society as A Social System", *International Journal of General Systems*, 8 (3), 1982, p. 132.

其他系统超越国家边界。[1] 在新冠疫情期间，美国政府抗疫不力，导致其确诊人数和死亡人数都高居全球第一，特朗普政府在总统竞选的指挥棒下频频“甩锅”中国，指责世卫组织在全球新冠疫情防控上行为不当，需要改革，要求世卫组织总干事谭德塞（Tedros Adhanom Ghebreyesus）辞职，并宣布美国将正式退出世卫组织。这一系列备受争议的政治操作，清晰地展现了政治权力对医学领域的过度干预。

（二）医药供给的过度市场化

在后冷战时代，国际格局长期处于美国单极独大状态，经济全球化本质上可以说是美国新自由主义治理术的全球化，以营利为目的的跨国公司的权力急剧增加，医学治理术也难免陷入其中。作为仍然处于全球价值链条顶端的霸权国家，美国国内严重的医保供给，尤其是医药供给高度市场化，医保和医药供给越来越被少数巨型私人企业垄断，公共医疗和私人医疗服务都必须向私人医保公司购买，医学权力越来越被医保供应商掌控，医疗资源越来越被少数具有强大政治影响力的连锁市场组织控制，[2] 医疗健康被转化成了

---

[1] Zürn, M., Buzan, B. & Albert, M., “Conclusion: Differentiation Theory and World Politics”, in Mathias Albert, Barry Buzan & Michael Zürn (eds.), *Bring Sociology to International Relations: World Politics as Differentiation Theory*, NY: Cambridge University Press, 2013, p. 235.

[2] Paul Starr, *The Social Transformation of American Medicine: The Rise of a Sovereign Profession and the Making of a Vast Industry*, Basic books, 1982, 2017, pp. 420-429.

一种商品，成为医生、医院和医疗医药医保公司的摇钱树。这些光怪陆离的“医疗帝国主义”[1] 现象，将医学治理术推向了公共健康的反面，并借助美国的世界地位和影响力向全球渗透，导致医学权威成为过度市场化机制的一分子，不再仅仅是一种知识权威，也不再单纯受政治化的影响。医学权威必然与美国的地缘经济利益紧密结合，进而也与私营市场行为体这一美国的“软帝国主义”工具紧密结合，从而让自身的专业知识为市场权威的全球扩张背书。世界上大量医学专家拥有治疗麻疹、疟疾等流行病的专业能力，却因为私营医药公司不愿研发生产无法营利的药品而导致每年上千万人死于这些疾病。[2] 因此，市场行为体赖以获利的私有知识产权就成为“兵家必争之地”，公共健康的价值目标与实践路径之间常常难以协调。知识产权行业游说集团强调产权保护是技术创新和经济发展的基石，发展中国家和跨国非政府组织则力图让药品知识产权与贸易规则脱钩，把健康视为人的基本权利。

在发展中国家、跨国非政府组织和世卫组织的推动下，2001 年《与贸易有关的知识产权协定与公共健康多哈宣言》宣布实施专利药品强制许可制度，将公共健康原则嵌入世界贸易规则，降低了私有知识产权的地位，但没有能力生产仿

〔1〕 Waitzkin, H. and Waterman, B., *The Exploitation of Illness in Capitalist Society*, Indianapolis: Bobbs-Merrill Company, 1974, pp. 35-36.

〔2〕 [加拿大] 马克·扎克、[加拿大] 塔尼亚·科菲：《因病相连：卫生治理与全球政治》，第 178—179 页。

制药的国家仍然不能购买在强制实施许可制度下生产的非注册类药品。直至 2003 年，这种购买限制才正式取消，强制许可的仿制药可以出口到最不发达的国家。随着这种全球健康政治情势的变化，借助科技创新解决世界范围内的健康不平等现象，成为私有市场行为体普遍宣扬的口号。在洛克菲勒基金会塑造国际健康组织、思想和行动接近一个世纪后，盖茨基金会成为全球最具影响力的健康（教育、发展和农业）议程设定者，盖茨基金会的全球公共卫生预算甚至超过了世界卫生组织的总预算。以盖茨基金会为代表的私营市场行为体和跨国非政府组织，借助冷战终结以来世界银行和国际货币基金组织所推动的公私合作模式挑战着世卫组织的国际权威，推销以单一疾病为重心的健康方案，在一定程度上侵蚀着各国公共卫生系统的综合健康方案，还不掩饰利益冲突，将捐赠资金投向制药公司、石油公司和汽车公司。这种鼓吹通过大企业战略拯救世界的"慈善资本主义"，借助基金会、慈善公益捐款的免税地位，通过不民主的方式影响全球健康议程，既掌握了不正当的经济和政治权力，又掌控了社会优先事务的决策权，还威胁着医学专家的学术独立性，侵蚀着福利国家的制度建设。[1] 在新自由主义全球化时代，医药供给的市场化既是美国内部的问题，也是世界各国普遍面临的问题，这种"美国困境的全球化"值得认真对待。

---

〔1〕 Birn, Anne-Emanuelle, "Philanthrocapitalism, Past and Present: The Rockefeller Foundation, the Gates Foundation, and the Setting (s) of the International/Global Health Agenda", *Hypothesis*, 12 (1), 2014, pp. 1-27.

（三）医学权威的霸权化

自科学开始揭示、解释、定义自然的规律性以来，经过几个世纪的发展，科学已然成为客观、公正的化身，科学家成为真理的发现者和知识的权威，通过实验获得知识成为标准的科学图景，这种典型的科学观在20世纪70年代以前一直占据主导地位。[1] 20世纪六七十年代兴起的科技与社会研究范式向这一标准发起挑战。1979年，法国社会学家布鲁诺·拉图尔等人撰写的《实验室生活：科学事实的建构过程》，成为新兴的科技与社会研究范式的奠基之作。实验室是生产科学知识的神圣之所，拉图尔却像观察“黑猩猩”一样，花了两年时间，用人类学视角观察和纪录科学家们在实验室的日常工作。尽管有人认为这是在亵渎科学，但拉图尔却通过分析巴斯德细菌实验[2]提出了“行动者网络理论”,[3] 揭示了科学技术如何深嵌在社会文化之中，并在一定程度上解构了科学和技术积极而权威的形象。这种带有反思性的批判视角，有助于我们思考知识权威可能产生的霸权以及知识与政治之间的关系。

---

〔1〕［荷］韦博·比克、［荷］罗兰·保尔、［荷］鲁德·亨瑞克斯：《科学权威的矛盾性：科学咨询在民主社会的作用》，施云燕、朱晓军译，上海交通大学出版社2015年版，第26页。

〔2〕 See Latour, B., “Give me a Laboratory and I will Raise the World”, in K. D. Knorr-Cetina & M. J. Mulkay (eds.), *Science Observed*, Beverly Hills: Sage, 1983, pp. 141-169.

〔3〕 Latour, B., *Reassembling the Social: An Introduction to Actor-Network-Theory*, Oxford University Press, 2005.

知识总是由特定的人通过反思其所在地方的历史经验而产生的，所有知识都具有“地方性”，共性通常是这些地方性的知识经验投射到整个世界所产生的，这种投射很多时候是一种霸权的体现。尽管科学往往被视为一种地理空间不变但超越社会的技术活动，但科学本身也有不同的智识变化，这取决于科学家在哪里实践。在新冠疫情期间，针对佩戴口罩能否有效防御病毒，欧美国家与亚洲国家的医学专家最初意见不一、建议不同，中国、日本、韩国等亚洲国家的民众都积极佩戴口罩，大多数西方国家的卫生部门却一直认为戴口罩不仅不能保护自己，还给社会带来焦虑和不安；直到2020年4月份，很多国家才“认识到”戴口罩可以防止他人被感染，维护整个社会的群体安全，人们对佩戴口罩的态度才发生转变。〔1〕口罩的故事正是科学知识受制于文化建构的直接体现。在世界政治背景下，所有知识至少在社会层面都受到强有力的教育、惯例和实践的制约。〔2〕这也就是说，科学知识具有很强的地方性，受制于特定国家或区域的社会政治制度、文化和心理。

就医学治理领域的南北关系而言，由于科学水平、社会发展状态等因素的影响，南北之间存在明显的医学知识不对

〔1〕 Nuki, P. , “Face Masks: Have We been Asking the Wrong Question all along?”, *The Telegraph*, https: //www. telegraph. co. uk/global-health/science-and-disease/face-masks-asking-coronavirus/.

〔2〕 Agnew, J. , “Know-Where: Geographies of Knowledge of World Politics”, *International Political Sociology*, 1, 2007, pp. 138-148.

称分布现象。欧美国家的医学专家们往往无视这种科学知识的“地方性”，从而固执地坚持某种知识霸权，他们总是把自己的优先事项或研究兴趣楔入南方国家，这种不对称的南北知识关系让全球医学治理成为新殖民主义或后殖民帝国的“新科学工具”，南方往往只是北方的“实验室”。早在1982年，德国科学家通过研究利比里亚橡胶工人的尸体，发出了该地区可能爆发埃博拉疫情的警告，但这一研究只是发表于欧洲期刊，从未正式警示利比里亚政府。同时，各种跨国专业群体又往往把西方精英主导下的“盎格鲁中心主义世界”视同“全球”。[1] 在北方欧美国家生产的有效的医学专业知识，通过跨国网络传布到南方国家，并被视为对当地同样有效的普适药方一体适用；这些医学专家们还通过建构话语联盟，塑造公众对问题的理解，影响南方国家的政策制定者。《国际卫生条例》中的全球传染病清单就是明显的例证，清单所列的疾病如果对北方国家构成严重威胁就更受重视，对北方国家不再构成严重威胁就会被删除；[2] 20世纪末，美国把艾滋病毒/艾滋病与国家安全关联起来，并影响了联合国安理会的决策，但非洲大陆直到今天仍然还在“探索”

〔1〕 Hanrieder, T., “How Do Professions Globalize? Lessons from the Global South in US Medical Education”, *International Political Sociology*, 13, 2019, pp. 296-314.

〔2〕 ［加拿大］马克·扎克、［加拿大］塔尼亚·科菲：《因病相连：卫生治理与全球政治》，第9—10页。

艾滋病与国家安全之间究竟存在什么联系。[1] 这种北方国家霸权推进的“医学全球化”，还消解了各种传统的非西方非现代医学模式的存在感和话语权，[2] 正如我国也曾经长期陷入中西医的“纠葛”之中。

五、迈向合理公平均衡的全球健康政治

新冠病毒的传播速度远超百年前的西班牙流感，新冠疫情堪称“百年一遇的健康危机”。这种全球突发公共卫生危机所引发的全球紧急状态，既前所未有地展现了在疾病这种全球性的共同挑战面前发达国家与发展中国家之间的制度与文化鸿沟，也史无前例地让各国人民直观感受到人类命运共同体的现实意义，更让人们非同寻常地意识到全球化时代医学治理术的当下意义。

病毒超越国界，全球同此凉热。在漫长的历史长河中，现代社会的治理术意味着一系列新的权力技术和知识体系，知识权威的兴起与欧洲现代国家的形成建构过程如影随形，

---

〔1〕 Rushton, S. & Youde, J., *Routledge Handbook of Global Health Security*, Routledge, 2015, p. 114. 在“安全化”问题上，以巴里·布赞等人为代表的欧洲学者发起批判安全研究，强调对“安全化”进行语言解构，通过“去安全化”恢复安全的本来面目。参见 Barry Buzan, Ole Wæver & Jaap de Wilde, *Security: A New Framework for Analysis*, Boulder, CO: Lynne Rienner, 1998。

〔2〕 Clarke, A. E., Mamo, L., Fosket, J. R., Fishman, J. R. & Shim, J. K. (eds.), *Biomedicalization: Technoscience, Health, and Illness in the U. S.*, Durham, NC: Duke University Press, 2010, pp. 380-388.

国家理由从国家的福祉向人口的幸福的转变推动了“政治医学”的诞生。这意味着国家在健康领域的正式出场，医学嵌入了治理术，现代社会进入一个以全球健康治理的机制化、医学知识影响力的网络化和健康的安全化为特征的“医学治理术”时代。在晚近三十年来新自由主义全球化的阴影下，随着医学的自我治理、社会治理、国家治理和全球治理成为弥散性的政治现象，医学化变成了一个全球性的社会现象。但是，在不合理、不公正、不均衡的当代世界政治经济格局下，“通过医学的治理”也陷入了医学领域的高度政治化、医药供给的过度市场化和医学权威的霸权化等困境，需要我们对其治理的合理性进行反思。

以福柯的视角观之，在19世纪以来的现代世界中，君主的合理性、真理的合理性和被治理者的合理性及其相应的治理术之间的彼此辩驳、相互借用和互相斗争，催生了现代政治。福柯将晚近两百年来西方社会的重大转变，视为从君主的和真理的合理性转向作为被治理者的人口的可治理性。[1] 这可以说是西方社会过度依赖技术理性的必然结果，但是，在现代世界，无论西方社会，还是非西方社会，对技术理性的超越很大程度上仍然取决于上述三种治理合理性之间的长期竞争及其结果。也许拉图尔能给我们一些启发，政

---

〔1〕［法］米歇尔·福柯：《生命政治的诞生：法兰西学院演讲系列，1978—1979》，第274—275页。

治不只是用来争论的，科学也并非无可非议。[1] 就此而言，让更多人理解“通过医学的治理”的兴起、发展、困境及其所面临的争议，既是服务于最大多数人的生命质量的“好的医学”得以产生的必要前提，也是相对合理、公平、均衡的健康政治得以建构的基本条件。

〔1〕 Kofman, A., “Bruno Latour, the Post-Truth Philosopher, Mounts a Defense of Science”, *New York Times*, Oct. 25, 2018.

人与自然的生命共同体：行动者网络与全球生态政治

晚近五十年来，气候危机、环境问题、生态问题逐渐国际化、全球化。从 1972 年 6 月第一次国际环保大会，到 2021 年 4 月的领导人气候峰会，在一系列国际机制和内部压力的推动下，很多国家设定了减排目标，践行着生态环保。中国确立了生态文明战略，制定了由政府主导的 2030 年碳达峰、2060 年碳中和目标，启动了全球最大的“中国碳排放交易市场”。美国拜登政府亦承诺到 2030 年将美国温室气体排放量较 2005 年减少 50%—52%，比奥巴马政府提出的 2025 年目标翻了一番，且到 2050 年实现净零排放。但美国也一再受到“气候民族主义”的影响。老布什在 1992 年里约联合国环境与发展会议上宣布“美国人的生活方式不容谈判”，小布什政府在 2001 年单方面退出《京都议定书》，特朗普政府在 2017 年又退出了《巴黎气候协定》。显然，气候问题的全球治理，仍然面临诸多挑战。这促使人们进一步追问气候、环境和生态问题的症结，究竟是政治层面应对气候变化的制度设计不完善，还是个体层面对气候变化的认知不充分。回答这个问题，就是在深入思考人与自然之间的关系，从而才能更好地构建人与自然的生命共同体。

许多社会理论家对这一问题孜孜以求，包括现代性理论的集大成者、英国社会学家安东尼·吉登斯，社会生态学的代表人物、美国社会理论家默里·布克金（Murray Bookchin），“深层生态学”的代表人物、挪威哲学家阿伦·奈斯（Arne Naess），生态学马克思主义的代表人物、美国生态学家詹姆斯·奥康纳（James O'Connor），以及被誉为组织唯物主义者的英国社会学家迈克尔·曼等人。其中，科学社会学的领军人物，“行动者网络”理论的创立者，法国哲学家、社会学家布鲁诺·拉图尔，在晚近三十余年来一直基于对西方现代化经验教训的反思，探寻人与自然之关系的本质，思考解决生态危机的良策。在这一过程中，拉图尔从强调“理想国”式的制度变革转向强调“面对盖娅”的认知革命，兼收并蓄了社会生态学和深层生态学的两种知识取向，为人们设想人与自然和谐共生的现代化，更好地构建人与自然的生命共同体，提供了一种颇具启发的政治生态观。

一、生态政治的源流

以如何处理人类社会与自然的关系为轴心，当代西方生态运动可以分为改良派与激进派两大潮流，改良派力图在现有资本主义体制内循序渐进地推动绿色改革；而激进派则主张通过激进的手段和方式，从根本上改变资本主义社会，社会生态学与深层生态学是其最具代表性的两大分支流派。

20世纪60年代，美国社会理论家默里·布克金基于"人类生态学"提出了社会生态学，[1]主张环境危机源于现有经济和政治制度中的等级制社会关系；正是人对人的支配导致了人对自然的支配，解决环境危机，就要消除一切剥削、奴役和等级制；解决生态问题，需要创建足以实现真正民主自治的小型社区，通过人民大众的直接参与，消除人对人的统治，进而消除人对自然的统治。可见，社会生态学思路重在寻求制度变革。

"深层生态学"则是由挪威哲学家阿伦·奈斯于20世纪70年代首创，[2]旨在批判"浅层生态学"的人类中心主义，强调人们需要不断向自身进行深层次的发问、思考并探寻答案。深层生态学将生态危机归结为现代社会的生存和文化危机，根源在于人们价值理念的偏差；化解危机的关键是自我认同的转变，即真正认识到人类只是自然界的一员，"非人类的存在"也有其内在价值，从而塑造出一种与自然相联系的自我，即"生态自我"。[3]正如两位深层生态学者比尔·德瓦尔（Bill Devall）和乔治·塞欣斯（George Ses-

---

〔1〕 参见［美］默里·布克金：《自由生态学：等级制的出现与消解》，郇庆治译，山东大学出版社2008年版。

〔2〕 参见Arne Naess, *Ecology, Community and Lifestyle*, Cambridge: Cambridge University Press, 1989.

〔3〕 参见王云霞：《深层生态学与社会生态学思想异同之比较》，载《南开学报》（哲学社会科学版）2010年第6期，第94—102页；雷毅：《深层生态学：一种激进的环境主义》，载《自然辩证法研究》1999年第2期，第51—55页。

sions）所言，深层生态学的根本理念在于："除非大家都获救，否则谁都无法得救"。[1] 概言之，深层生态学的思路重在激发认知革命。

社会生态学主张必须区分第一自然与第二自然。第一自然即非人类的自然界，第二自然包括理性、文化、社会等方面的人类进化特征，当然，二者的区别只是程度上的，不是本质属性之别。第一自然是非道德的，谈不上好坏，价值判断只属于人类。深层生态学认为区分第一自然与第二自然只会放大人类中心主义。社会生态学则与之针锋相对，认为深层生态学在反对人类中心主义的同时，也抹杀了人和人之间的差别，人类应该建立基于整体性、差异性、互补性、非等级和去中心化的，既非人类中心主义，也非自然中心主义的社会。[2] 在当代西方生态运动的谱系中，拉图尔的政治生态观更接近激进派而非改良派，但他并未在社会生态学和深层生态学之间选边站队，而是有选择地汲取两个学派的知识养分，进而构建出一种颇具包容性的政治生态观。

需要指出的是，拉图尔的政治生态观也不同于传统的政治生态学。政治生态学这一概念最早由美国植物学与生态学者弗兰克·索恩（Frank Thone）在 1935 年提出，其内涵在

---

〔1〕 Bill Devall, George Sessions, *Deep Ecology*: *Living as if Nature Mattered*, Salt Lake City: Peregrine Smith Books, 1985, p. 67.

〔2〕 Murray Bookchin, Social Ecology versus Deep Ecology, *A Challenge for the Ecology Movement*, http://www.ecology.gen.tr/deep-ecology/64-social-ecology-versus-deep-ecology.pdf.

20世纪70年代变得更具包容性，兼有环境地理、发展地理、社会生态和文化生态学等知识背景，研究者来自地理学、人类学、政治学、社会学、环境史学和发展研究，旨在探究政治、经济、文化等因素对环境问题的影响。许多“绿色运动者”鼓吹政治生态运动，希望将环境问题纳入政治议题，主张限制人类行为，以便“更好地保护自然”。但是，拉图尔认为，“绿色运动者”的诉求并不能借由政治生态学实现，这是因为，政治生态学在根本上与这种所谓的自然中心主义无关！

早在2017年拉图尔访华讲学之前，中国学术界就相继翻译出版了他的一系列代表作——《实验室生活：科学事实的建构过程》(东方出版社2004年版)，《科学在行动：怎样在社会中跟随科学家和工程师》(东方出版社2005年版)，《我们从未现代过：对称性人类学论集》(苏州大学出版社2010年版)，《自然的政治：如何把科学带入民主》(河南大学出版社2016年版)。2017年之后，又相继翻译出版了他的《激情的经济学：我们从未理性过？塔德人类学的经济解读》(群学出版社2017年版)，《现代性的视觉整体》(河南大学出版社2018年版)，《面对盖娅：新气候体制八讲》(群学出版社2019年版)，《着陆何处：全球化、不平等与生态巨变下，政治该何去何从?》(群学出版社2020年版)[1]。其政

[1] 该书由台湾群学出版社翻译出版。笔者认为，书名“Down to Earth”，结合拉图尔的追问，翻译成“何处着陆?”比较符合大陆的翻译习惯。

治生态观的不同侧面获得了一些哲学、科学哲学、技术哲学视角的关注，比如作为拉图尔理论之哲学前提的“现代世界的非现代性”〔1〕、作为拉图尔政治生态观核心概念的盖娅视角〔2〕以及拉图尔与其他学者生态观的比较研究，等等。但这些都缺乏对拉图尔政治生态观的整体考察，本文将着力弥补这一缺憾。

本文认为，“人与自然”而非“自然与政治”的关系，才是拉图尔政治生态观的核心。拉图尔的政治生态观并非“行动者网络理论”转向之后的产物，〔3〕相反，行动者网络理论是拉图尔反思现代性和批判人与自然截然二分的传统鸿沟的思想武器，是拉图尔倡导“万物议会”、“政治生态理想国”、“陆地人”并重构盖娅假说的理论工具。作为拉图尔政治生态观一以贯之的主线，行动者网络理论形成于拉图尔早期的科技与社会研究范式（STS）的奠基之作《实验室生活：科学事实的建构过程》。

---

〔1〕 汪行福：《复杂现代性与拉图尔理论批判》，载《哲学研究》2019年第10期；李曈：《重置现代性：拉图尔思想述评》，载《自然辩证法通讯》2020年第1期。

〔2〕 钟晓林、洪晓楠：《拉图尔论“非现代性”的人与自然》，载《自然辩证法通讯》2019年第6期；胡翌霖、唐兴华：《取代上帝视角——环境伦理视域下的拉图尔盖亚观》，载《自然辩证法通讯》2021年第7期。

〔3〕 张亢将拉图尔的政治生态学归于对自然与政治的重构，并认为政治生态学是拉图尔的行动者网络理论转向之后的研究（参见张亢：《重构自然与政治：论拉图尔的政治生态学》，载《自然辩证法通讯》2020年第1期），本文认为行动者网络理论是其政治生态学的重要理论支撑，并贯穿其政治生态观。

自人类开始定义并解释自然规律以来，科学就成了客观公正的化身，科学家随之成为真理的发现者，通过实验获得的知识成为标准的知识图景，但20世纪70年代以来，这种占据支配地位的现代主义的科学观，受到科技与社会研究范式的挑战。拉图尔等人所著的《实验室生活：科学事实的建构过程》一书，基于对实验室研究人员日常工作的观察，揭示了科学技术深度嵌入社会文化的机理。在此基础上，拉图尔等人提出“行动者网络理论”〔1〕，强调科学知识的产生内嵌于由科学家、实验室、实验仪器、实验对象、实验室资助者、批准实验项目的政府官员等利益相关者所建构的异质行动者网络之中。正如巴斯德炭疽疫苗实验的成功并不能归功于巴斯德个人，而应归功于他所构建的一个由医生、护士、生物学家、卫生员、兽医、微生物、牛、羊等行动者组成的网络。〔2〕因此，“人类本质上无法在实验室中发现自然”，人与自然不可能截然二分，自然与人类的文化、道德、伦理、价值息息相关，自然与人类社会互相交融，地球未来

〔1〕在拉图尔看来，任何能通过制造差别而改变事物状态的东西，都可以被称为“行动者”，既包括行为人，也包括物件，后者比如海关出入境身份文件、信用评估报告等，所以人类和非人类都可以是行动者。他/她/它们的互动联结构成行动者网络，在这个网络中，行动者既非主体也非客体，而是多元的、流动的、相互影响的、共同进化的。关于行动者网络的内容，参见 Bruno Latour, *Reassembling the Social: An Introduction to Actor-Network-Theory*, Oxford University Press, 2005。

〔2〕参见 Bruno Latour, “Give me a Laboratory and I will Raise the World”, in KD Knorr-Cetina & MJ Mulkay (eds.), *Science Observed*, Beverly Hills: Sage, 1983, pp. 141-169。

的发展取决于共同身处于行动者网络之中的人类与万物如何进入网络、如何做出具体的决策。这一对现代主义的深刻反思，正是拉图尔政治生态观的开端。

二、难分难解的人与自然

对现代性的讨论堪称20世纪西方社会的一门显学，马克斯·韦伯、齐格蒙特·鲍曼（Zygmunt Bauman）、乌尔里希·贝克（Ulrich Beck）、尤尔根·哈贝马斯等许多著名社会理论家都可以说是现代性阐释的先行者，人与自然的关系则是其中绕不开的共同议题。马克斯·韦伯认为现代性在一定程度上表现为人控制自然的力量。作为现代性理论的集大成者，吉登斯将人类对自然的无限榨取所引发的生态危机视为现代性的一大后果，把资本主义、工业主义、监控和军事力量视为现代性的四大制度维度，其中工业主义主要表现为人类的商品生产过程离不开对物质世界的非生命资源的利用，这直接改变了自然。科学与技术的联盟所构筑的现代工业，也在史无前例地改变着自然界，在全球尺度上制造出一种“人化环境”，它仍然是一种物质性的活动环境，但再也不仅仅是自然的了。[1] 毫无疑问，这一过程提升了现代人的生活水平，但也有可能大规模地毁灭物质环境，全球化的

〔1〕 Anthony Giddens, *Consequences of Modernity*, Polity Press, 1990, pp. 59-60.

发展又会扩大这种可能性。

拉图尔的观点呼应了韦伯和吉登斯等人，但对人与自然关系的思考进路与之不同。拉图尔认为，“非现代主义”比“现代主义”和“后现代主义”更具包容性，更适于理解人类与自然之间关系的实质：“我们（人类）从未现代过”，“我们并不是掌控自然密钥的‘现代人’”，我们只是“自以为是的现代人”，我们有必要重新思考人类社会与自然之间的关系。这种对现代性的批判与反思，贯穿了拉图尔一系列关于“政治生态学”的作品，包括《我们从未现代过》[1]（法文原版1991年）、《自然的政治：将科学带入民主》[2]（法文原版1999年）、《面对盖娅：新气候体制八讲》[3]（法文原版2015年）以及《何处着陆?》[4]（法文原版2017年）。

在《我们从未现代过》中，拉图尔将转译和纯化这两种现代社会中对人类实践的截然二分视为现代人的前提条件。所谓转译，主要是指行动者不断用自己的语言转化（代表）其他行动者（包括人类和非人类）的问题和利益的过程。物理学家波义耳证明真空的存在，就是通过让技术人员操作空

---

〔1〕［法］布鲁诺·拉图尔：《我们从未现代过：对称性人类学论集》，刘鹏、安涅思译，苏州大学出版社2010年版。

〔2〕 Latour, Bruno, *Politics of Nature*: *How to Bring the Sciences into Democracy*, translated by Catherine Porter, Harvard University Press, 2004.

〔3〕 Bruno Latour, *Facing Gaia*: *Eight Lectures on the New Climatic Regime*, translated by Catherine Porter, Polity Press, 2017.

〔4〕 Bruno Latour, *Down to Earth*: *Politics in the New Climate Change*, translated by Catherine Porter, Polity Press, 2018.

气泵实验，向当时的“可信之人”、有钱之人（即使这些人并不了解其实质为何）展示而得以实现的。很显然，转译是将自然与文化混合在一起的过程。所谓纯化，更像是转译的反向过程，旨在将人与非人、主体与客体、文化与自然区分开来。这两种实践力图达到这样一种理想状态：科学处理的是纯粹的自然，政治处理的是纯粹的社会。的确，自然从表面看来不是人类建构的产物，它是超验的，但它实际上却是在实验室中建构出来的，内在于实验室；社会是人类建构的产物，内在于人类行动，但社会又是超验的，它因此才具有正当性。〔1〕现代人解决这一悖论的方法，就是掩耳盗铃般地坚持纯化、否认转译。进而，西方人认为自己可以依赖科学认识真正的自然，而且只有西方人能够通过科学知识的“神启之门”接近事物本身，非西方人仅仅拥有赋予自然符号价值的文化，换言之，非西方人处于自然与文化之间混沌不清的状态，没有能力区分二者。〔2〕因此，西方人的现代与前现代之分，就变成了现代的西方人与不现代的非西方人之别。但是，纯化并不存在，无论西方人还是非西方人，大家处理的都是“类客体”（quasi-object），即混合了自然与文化的杂合体。所以，世界上根本没有什么真正的现代人。简言之，拉图尔认为，纯化是不可能的，转译才是人类实践

---

〔1〕［法］布鲁诺·拉图尔：《我们从未现代过：对称性人类学论集》，刘鹏、安涅思译，苏州大学出版社2010年版，第35—37页。

〔2〕［法］布鲁诺·拉图尔：《我们从未现代过：对称性人类学论集》，刘鹏、安涅思译，苏州大学出版社2010年版，第110—113页。

的基石。[1] 这秉承了其 STS 的研究理念。

如果现代世界的发展尚未在自然与人类社会这两极之间构筑某种网络关系，“现代人”或可尝试建立某种“现代框架”，但这显然从一开始就是一个悖论。所以，臭氧层空洞、全球变暖属于人类吗？是的，因为它们是人类的产物。同时，它们是自然的吗？是的，因为它们并不是人类创造的。[2] 拉图尔的政治生态观正是建立在这一思想脉络之上。

《我们从未现代过》开篇就为人们描绘了这样一幅危机图景：臭氧空洞不断扩大；高层大气专家谴责阿托化学公司和孟山都公司破坏生态环境；工业大国的领导人深受化学、冰箱、空气浮沉和惰性气体问题困扰；气象学家与化学家为与人类活动无关的周期波动争执不休，领导人和实业家因此举棋不定；第三世界国家和生态学者们疑虑重重地讨论相应的国际政策和子孙后代的发展权等。这幅画面，让拉图尔脑海中浮现出“杂合体增殖”这一概念，[3] 拉图尔政治生态观处理的正是这些杂合体，他在《自然的政治中》将其称为生态与政治、物与人以及自然与社会的联合。

在拉图尔看来，一些激进的生态学者自称以自然为对

---

〔1〕 参见刘鹏：《与拉图尔一起生活在非现代的世界之中——评拉图尔的〈我们从未现代过〉》，载《科学与社会》2013 年第 1 期，第 131—136 页。

〔2〕［法］布鲁诺·拉图尔：《我们从未现代过：对称性人类学论集》，刘鹏、安涅思译，苏州大学出版社 2010 年版，第 58 页。

〔3〕［法］布鲁诺·拉图尔：《我们从未现代过：对称性人类学论集》，刘鹏、安涅思译，苏州大学出版社 2010 年版，第 1 页。

象，但处理的却是无数以人类参与为前提的难题：它声称保护自然，但人类在每种情况下都是更为精细的自然的参与者，尤其是将各种精密的科学仪器带入其中；它声称注重整体利益，实质上却只是关注了某个地方的生物群落或特定情境下的特定事件，比如困在冰面上的鲸鱼；它宣称自己的政治力量在不断增强，代表着未来，却沦为部落化选举的招牌。因此，拉图尔的政治生态观并不宣称为自然服务，因为人们根本无法界定自然的利益到底是什么；它也并不致力于保护自然，只是试图运用更完整也更混杂的方式，来掌控更为多样的实体和命运。简言之，拉图尔的政治生态观并不在自然与社会之间做出区分，它处理的不是自然，而只是一些杂合体，比如制度、规则、装置、消费者、小牛、猪和孵化，把这一切纳入非人和非历史的自然，纯属画蛇添足。自然并非生态学问题，相反，正是生态学消解了自然的边界，给自然重新分配了代理人。[1] 因此，根本没有必要以自然之名向公共生活发难。由是观之，于政治生态学而言，危机来自杂合过程的不确定性，比如，最初人类社会大规模开发利用石棉，后来发现石棉致癌，许多国家随即开始禁用石棉，后来又爆出石棉背后的利益丑闻。核能、转基因和克隆等技术的研发也面临此类风险，种种高度不确定的关系可能出人意料地扰乱现有秩序和规划。在全球化背景下，这种不

---

〔1〕 Bruno Latour, *Politics of Nature*, Harvard University Press, 2004, pp. 20-22.

确定性变得更加多样且难以预料。总之，一个微不足道的原因可能产生巨大的影响，一个奇迹般的“新事物”可能最终带来恶劣的后果。[1] 所以政治亟须加入生态的视角，政治原是管理众人之事，而政治生态学或曰“自然的政治”则是旨在管理人与非人类存在物的生存环境之事。

由此，拉图尔提出，人们有必要就生态问题建立人类与非人类共存的集体机制，也就是能够“说话”的存在者[2]的“万物议会”。谁在其中做决定呢？不是自然，也不是人类，而是让人类与非人类能够完美衔接的角色，这延续了他一贯的“行动者网络”理念。当然，这个集体是复数的，在集体中出场的，不是公民而是议题，比如一群大象、一条河流或者一位市长等。[3] 他还富有想象力又颇具乌托邦色彩地呼吁，设立由科学家、政治家、经济学家和伦理学家共同参与的议会上下两院，决定需要纳入的议题及其优先排序，这样就可以把杂糅了人类与非人类因素的科学与政治结合起来，构建一个最佳的“共同世界”，一个政治生态学意义上的“理想国”。[4] 2021 年 4 月至 8 月，我国云南亚洲象北迁过程中卷入的人、象、住房、庄稼、无人机，就是一次结

---

〔1〕 Bruno Latour, *Politics of Nature*, Harvard University Press, 2004, p. 25.

〔2〕 拉图尔指出，非人类可以通过实验室的设备“说话”，总之“说话”不再是人类特有的属性，至少人类不再是“说话”的唯一主体。

〔3〕 Bruno Latour, *Politics of Nature*, Harvard University Press, 2004, p. 83.

〔4〕 Bruno Latour, *Politics of Nature*, Harvard University Press, 2004, pp. 136-183.

合科学与政治、融合人类与非人类的试验，各大报道中出现频率最高的词"人象平安"正是拉图尔"生态理想国"的缩影。

拉图尔的"生态理想国"的确充满乌托邦色彩，不过吉登斯为这一"生态理想国"的落地提供了一种可能的图景[1]。面对生态问题，社区、国家和国际机构都可以是拉图尔所说的集体。集体中的议题包括：制造业转移中的"排放转移"，可再生能源的利用，环境友好型工作岗位的供给，杀虫剂的环境外部性，碳排放和贫困，等等。吉登斯非常推崇可再生能源的开发利用，这也正需要拉图尔"生态理想国"中的科学家发挥作用，他们可以通过经济、技术创新推动节能减排，这让可再生能源成为集体存在中新的非人类因素。"生态理想国"中经济学家的作用，体现在通过计算尽可能合情合理地提供一个等级序列，从而优先确定那些与其他价值及政治目标兼容的生态政策。比如确定牛肉市场的重要性、素食者的口味、农民的收入、阮病毒发现的意义等因素的优先排序。[2]"生态理想国"中伦理学家的判断依据，不再简单地把非人类因素作为手段，它们同样也是目的。正如吉登斯所指出的，增长不一定是经济的，不仅要考虑经济

---

〔1〕 Anthony Giddens, *Politics of Climate Change*, Polity Press, 2009. 中译本为［英］安东尼·吉登斯：《气候变化的政治》，曹荣湘译，社会科学文献出版社 2009 年版。

〔2〕 Bruno Latour, *Politics of Nature*, Harvard University Press, 2004, p. 113.

的正增长，也要考虑人力和环保方面的负增长，还要考虑可持续增长，所以 GPI（真实发展指数）、ISEW（可持续经济福利指数）、SSI（可持续发展影响指数）等指数，比 GDP（国内生产总值）更适合测量一个国家的发展水平。就“生态理想国”中的政治家角色而言，吉登斯提出，建构保障型国家，旨在通过协调和催化，推动不同的团体在集体议题上达成共识。需要强调的是，集体的决议和运作是这些角色相互协作的结果。

显然，拉图尔把生态危机视为现代框架下人与自然关系失调所引发的后果。他把解决问题的希望寄托于政治生态学意义上的“理想国”，但遗憾的是这种理想很难撼动人类与自然截然二分的观念，所以近几年他在《面对盖娅》与《何处着陆?》中再度呼吁人们重启万物议会。

三、人与自然的生命有机体

《何处着陆?》与吉登斯的《气候变化的政治》处理的都是生态危机，但解困思路不同。吉登斯为人们提供了可以卷入日常生活的具体实践模式，旨在制定清晰的行动指南。但拉图尔认为，这并不足以唤醒那些“装睡”的人，特别是在人们被资本所塑造的强大的消费主义裹挟之际。所以，他希望通过“陆地人”这个概念，掀起一场认知革命，从认识论和道德论层面警醒人们。

特朗普当选和英国脱欧，这两大影响世界格局的事件令很多学者瞠目结舌。美国特朗普政府退出《巴黎气候协定》的“气候民族主义”，则直接激发了拉图尔的《何处着陆?》。“特朗普治下的美国仿佛处于一块地球外的飞地（out of this world）!”[1] 在极尽嘲讽之余，拉图尔将特朗普政府退群行为的肇因，归结为20世纪80年代以来新自由主义的“放松监管浪潮”。与吉登斯的乐观判断不同，拉图尔认为，在2008年金融危机之后，新自由主义的“放松监管浪潮”实际上愈演愈烈，导致种种全球性的不平等、不公正现象日渐严重，全球化因此变成了一个贬义词。拉图尔就此进一步反思了西方主导的现代化叙事，在这种叙事中，从“本土”走向“全球”就是从落后、守旧走向进步、开放，但全球化其实是一把双刃剑，不仅带来了发展、繁荣、进步，也带来了不平等、不公正、不平衡。换言之，全球化的成本与收益分布严重不均衡，发达国家及其精英阶层是受益方，他们高高在上，“坐上太空舱，离地生活”；发达国家的大众和广大的发展中国家则是受损方，而且很难再找回原来那片自给自足、自治自律的本土。芸芸众生，何去何从?[2] 这就是《何处着陆?》之问的由来。拉图尔因此建构了“陆地人（Terrestrial）”的概念，希望借助它来构筑新的集体机制，勾勒新的生存空间。

---

〔1〕 Bruno Latour, *Down to Earth: Politics in the New Climate Change*, translated by Catherine Porter, London: Polity Press, 2018, pp. 34-35.

〔2〕 Bruno Latour, *Down to Earth: Politics in the New Climate Change*, translated by Catherine Porter, London: Polity Press, 2018, pp. 1-21.

《何处着陆?》很大程度上是《面对盖娅》的续章。《面对盖娅》的底本是拉图尔 2013 年的爱丁堡吉佛系列讲座。他在第一讲提出了与“吉登斯悖论”[1] 类似的问题：从工业文明时代开始，生态灾难警报就像“狼来了”，反复拉响，但从未真正被认真对待。当下的“碳战争”早在 20 世纪 80 年代就该打响，但人们一直在逃避。[2]

自诩为现代人的人类很大程度上就是在借助科学来征服自然、不断开疆拓土以成就自己的发展史。拉图尔把这一过程称为“现代人消解这个世界的痴迷”。现代人把除人类以外的万物都视为安静地待在“地球这个舞台”后台的东西，只有人类是积极在前台表演的行动者，但是现在，“曾经的布景和道具都已经跑到舞台中央参与表演”，“连石头都在哭泣”。万物和人类都成为影响生态问题发展的积极行动者，人类社会因此进入了一个“新气候体制”时代。[3] 显然拉

---

[1] 吉登斯在《气候变化的政治》中提出了以自己名字命名的“吉登斯悖论”，简言之就是，人们都知道全球在升温，臭氧空洞在扩大，但并不影响人们（吉登斯在书中主要是指美国）为了舒适，在城市道路上驾驶“耗油王”越野车，因为那些“远在天边”的问题也许此生都与己无关，也没人相信自己少开一天车真能补上臭氧层漏洞。因此，人类活动造成的问题一天天严峻，人类却依然我行我素，这变成了一个无解的悖论。

[2] Bruno Latour, *Facing Gaia*: *Eight Lectures on the New Climatic Regime*, translated by Catherine Porter, Cambridge: Polity Press, 2017, pp. 8-10.

[3] Bruno Latour, *Facing Gaia*: *Eight Lectures on the New Climatic Regime*, translated by Catherine Porter, Cambridge: Polity Press, 2017, pp. 72-74.

图尔在《我们从未现代过》与《自然的政治》中已经开始了对这个新气候体制的探讨。那这个新体制始于何时呢？拉图尔并未明言，或许可以追溯到“人类世”（Anthropocene）的起点。“人类世”是诺贝尔化学奖得主保罗·克鲁岑（Paul Crutzen）等人于2000年提出的分期概念，指的是地球最近的历史时期，用以表示在全新世之后人类活动对气候和地球造成剧烈影响的时代。人类世工作组计划向国际地质学大会提交正式提案，将人类世确立为正式的地质年代。人类世具体起于何时，众说纷纭，拉图尔倾向于定在1610年。[1] 在那个时代，欧洲的地理大发现与对外殖民进程，直接导致美洲大陆的印第安人在100年中减少了5600万，在这个美洲原住民的“大死亡”时期，退耕还林成了一个“自然过程”，大气中的二氧化碳浓度大幅降低，引发了一直持续至20世纪初的“小冰期”。拉图尔把这个时期作为人类世的起点，或许最直观地展现了“盖娅”（Gaia）的样貌。

1960年代末，英国大气学家詹姆斯·洛夫洛克（James Lovelock）借用希腊神话中大地女神“盖娅”之名提出“盖娅假说”，把地球当作一个生命有机体，地球上的生命及其物质环境，包括大气、海洋和地表岩石紧密联系在一起，共同进化。换言之，生命体并不像达尔文主义所言只是在适应环境，他/她/它们还调整并生产着环境，就像“小冰期”的

---

〔1〕 Bruno Latour, *Facing Gaia: Eight Lectures on the New Climatic Regime*, translated by Catherine Porter, Cambridge: Polity Press, 2017, pp. 185–186.

出现一样。由于盖娅的自调适功能，人类原本可以相安无事，但从工业革命开始，尤其是20世纪下半叶的全球大开发，盖娅的构成大幅改变，其调适速度开始跟不上人类改变她的速度，她对人类的作为越来越敏感。“面对盖娅”，就是希望人类重新定义自己与万物的关系。[1] 不过，拉图尔对盖娅概念的使用一直非常谨慎，他认为盖娅的确是一个地球万物相互联系的生命有机体，但盖娅并不具有进化功能，他仍然使用其行动者网络理论来重构盖娅概念，认为所有构成这一有机体的行动者都具有偶然性，所塑造出来的盖娅星球也是耦合的结果，盖娅星球也并不像地球母亲那样会眷顾人类，所以应该放弃依靠盖娅来拯救地球的希望，人们必须有所行动。[2]

拉图尔并不将盖娅视为整个地球，她不包括地心也不伸向银河，她只是地球表面那层薄薄的生物膜，这里正是人类的“着陆之处”，这层生物膜中的所有生物都是“陆地人”。因此，生态问题不是自然保护主义，也不是人类中心主义，而是直指人类的生存处境。这块陆地与国界不同，国界之间不重叠，但陆地可在国界之内也可能超越国界。正如吉登斯所指出的，各国制定的长远计划必须延伸到国界之外，如果

---

〔1〕 陈荣泰：《通往“全球”，无法抵达“本土”的飞机，该如何降落：评〈面对盖娅〉》(2019年8月12日)，阅读志，https：//www. openbook. org. tw/article/p-62390。

〔2〕 Bruno Latour, *Facing Gaia*: *Eight Lectures on the New Climatic Regime*, translated by Catherine Porter, Cambridge: Polity Press, 2017, pp. 75-110.

不考虑邻国，这些计划就无法孵化。“陆地”将全球与本土两个对立的形象结合在一起。与房地产项目抢到的土地不同，陆地继承的是物质性、异质性、厚度、尘埃、腐殖质、地层以及人类对它们的悉心照料。陆地无法被侵占，人属于它，它却不属于任何人，它不与任何典型的法律、行政、空间或地理实体重合，它的组合将跨越时空边界。只有这片陆地上的“陆地人”能确定什么是本土的、什么是全球的，以及与其他生命体的关系。[1] 正如非洲当地民众希望保护多样的生态农业，抵抗盖茨基金会发起的单一模式的“绿色革命”，他们所呼吁的正是：赋予当地人决定符合本地文化习惯的粮食生产制度的权力。[2]

对于这样一块陆地，最具挑战性的就是列出“陆地人”的所指清单，标明他/她/它们的所需，以及必要时值得用生命捍卫的东西。有人也许会质疑开列这个清单的可能性。拉

---

〔1〕 Bruno Latour, *Down to Earth*: *Politics in the New Climate Change*, translated by Catherine Porter, London: Polity Press, 2018, pp. 91-93.

〔2〕 自2006年开始，盖茨基金会与洛克菲勒基金会联合成立了“非洲绿色革命联盟”，旨在推动非洲的绿色革命。但有大量研究表明，这一绿色联盟所推进的农业“现代化”转型（种植单一经济作物、推广转基因作物等），并未解决非洲的粮食匮乏问题，反而冲击了非洲一直以来的小农生产模式，包括种子交换网络、对生物多样性的保护、因地制宜的耕作等。这种带有殖民色彩的“慈善资本主义”一定程度上已经成为全球健康、生态等困局的枷锁。参见 Stacy Malkan, “Gates failing green revolution in Africa”, *Ecologist Informed by Nature*, Aug. 14, 2020; Raphael Obonyo, “Towards a food-secure Africa”, *United Nations*, https://www.un.org/africarenewal/magazine/april-2018-july-2018/raphael-obonyo-poverty-pinnacles-power。

图尔并不这么看，他认为，1789年，为了征税，法国国王路易十六在短短几个月内就事无巨细地调查并记录了法国所有村庄、城市、公司的每一块地皮及其生存环境。[1] 尽管人类的生存网络远比当时错综复杂，但是，当代人应该比前人更有能力界定自己的利益和需求，并改进人类社会的生态体制，拉图尔就此希冀欧盟这个超国家的政治空间能够开启“盖娅生态政治实验”。当然，拉图尔这个愿望不落空的前提是欧盟不被当下的重重危机压垮。

四、朝向人与自然的生命共同体

从行动者网络理论，到对现代性的批判，再到提出自己的政治生态观，从盖娅假说到“陆地人”构想，拉图尔在四十余年的时间里一直在思考“现代”是什么？它带来了什么？我们应该如何面对它运行不良所产生的后果？拉图尔秉持科技与社会的交叉研究思路，将“物的政治”作为核心，强调生态危机的解决思路在于，不单纯以人为中心，也不简单地“封存”自然，而应高度重视人与自然环境之间的共生体系。

通而观之，拉图尔的政治生态观以行动者网络理论为起点、基石和主线，他主张重视“物的政治”，强调“事物”

[1] Bruno Latour, *Down to Earth*: *Politics in the New Climate Change*, translated by Catherine Porter, London: Polity Press, 2018, pp. 96-97.

与人都是政治生活的积极“行动者”。[1] 因此，他始终如一地坚持人与自然的共生性，与深层生态学者一样肯定“非人类存在物”的内在价值，甚至在《何处着陆?》中将人与非人类统称为“陆地人”，就是寄望于通过激发认知与伦理革命，从根本上改变在资本扩张中不断强化的“人类的命运就是要征服和利用自然”这种将人类与自然截然二分的流行观念，构建起人与自然的生命共同体。

在更长的思想谱系中，拉图尔的政治生态观深受法国后现代主义哲学思潮的影响，正是后者使其对人与自然、科学与政治、事实与价值以及自然科学与社会科学的传统壁垒不屑一顾，进而创造出行动者网络理论来重建所有这些二元因素之间的内在关联，强调行动者与结构之间的相互塑造，这仍然是传统的社会理论进路，与布迪厄的结构化理论异曲同工。拉图尔运用这一缩写与蚂蚁相同（ANT，Actor Network Theory）的新理论，反对现代主义的进化论、整体论、系统论，希望以非现代主义取代现代主义，倡导万物议会、生态理想国，并重构盖娅概念。所有这些构成其政治生态观的要素，都建立在对所有现有的宗教、政治、经济制度的强烈解构、反思和批判之上。而世界如何传播价值，经济如何计算

---

〔1〕“物的政治”（Dingpolitik）最早由拉图尔提出。Dingpolitik 是一个德语词，英文为“politics of things”，意指事件和物品不是消极的存在，而是能够影响政治生活的积极“行动者”。参见 Bruno Latour，“From Realpolitik to Dingpolitik or How to Make Things Public”，in Bruno Latour & Peter Weibel (eds.), *Making Things Public: Atmospheres of Democracy*, London: MIT Press, 2005, pp. 14–43。

道德，如何重新分配资源推动经济转型，这些问题又不可避免地指向如何理解资本主义的影响。晚近十年来，拉图尔对资本主义〔1〕带有了更强烈的批判性，与社会生态学者一样，他指出国家和国际层面的等级制社会关系是解决环境危机的羁绊，并嘲讽和批判了富国对穷国、富人对穷人的“气候霸权”。

正如迈克尔·曼所言，尽管在环境治理领域开展了限排交易体系、碳排放配额、碳排放信用、碳税、推进可再生能源等一系列制度建设，但其实施效果并不乐观。这些制度受到诸多现实问题的冲击，除了在观念上有现代人对未来人权益的漠视，还有政府绩效的唯经济增长论、政府向资本市场的妥协、富国对穷国的“气候霸权”等。〔2〕面对生态危机，人类享有不同的资源，也应该担负不同的责任。而遵循新自由主义市场原则的资本主义全球化所导致的种种全球性的不公正、不平等问题，显然也是构建人与自然生命共同体必须直面的困境。虽然拉图尔倾向于以欧洲为模板，不免给人欧洲中心主义之嫌，但其目标是希望欧洲在解决全球生态危机上承担起应负的责任。

---

〔1〕需要指出的是，拉图尔并不主张将资本主义视为一个非常庞大、无所不在、自我协调的行动者，而是应将资本主义大卸八块、分散化、庸俗化进而将之限制起来，正如他对科学所做的那样。参见［法］布鲁诺·拉图尔、［加］希瑟·戴维斯：《如何与盖亚交往：布鲁诺·拉图尔与希瑟·戴维斯的对话》，宫林林译，载《新美术》2017 年第 2 期，第 54 页。

〔2〕［英］迈克尔·曼：《社会权力的来源》（第四卷），第 452—500 页。

概言之，拉图尔的“理想国”和“陆地人”蓝图的确颇具想象力，但乌托邦色彩也比较明显，尤其是面对全球化资本主义这一现实的巨大阻力及其所带来的南北发展不平衡问题。美国拜登政府与特朗普政府反向而行，宣布美国将重返《巴黎气候协定》，并计划推行宽松的移民政策，这导致他上任当天就有来自哥斯达黎加等“困苦之地”的上万移民冲破防线，打算从墨西哥进入美国。即便美国真的放弃“气候民族主义”，整个人类离“着陆点”恐怕还是很远。毕竟，在当今世界，只有少数国家真正把气候政策置于政治舞台的中心位置，真正从生态与生命一体化的角度思考安全问题，[1] 吉登斯引以为傲的少数几个欧洲国家也在减排与发展之间摇摆不定。自 2018 年 11 月起持续近一年的法国“黄背心”运动，起因就是法国政府要加征燃油税。而且，不少国家之所以重视减排成效，不是为了解决气候危机，而是出于本国的能源安全考虑。不过，减排面临的最严峻挑战，仍然是贫穷国家的发展权问题。虽然哥斯达黎加签订了不切实际的碳中和协议，承诺 2021 年实现碳中和目标，[2] 成千上万绝望的哥斯达黎加人却试图冲破多国阻拦逃向“美式天堂”。但是，实际上又会有多少美国人愿意接收这批“登陆者”呢？美墨边境的“难民困境”显然并非只是美国的问

[1] 方世南：《人类命运共同体视域下的生态-生命一体化安全研究》，载《理论与改革》2020 年第 5 期，第 12—22 页。

[2] 哥斯达黎加主要通过植树吸收排放，是最早征收燃料税的发展中国家，一再被树为“环保标杆”。

题。只要人们还在一门心思地向资本主义的全球化[1]进发，任何人都不会有一个可靠的“家园”！

就此而言，尽管拉图尔的政治生态观带有浓厚的乌托邦色彩，但仍然颇具启发。在政治层面，生态问题的解决思路必然是“超国家化”的，需要政治家、科学家、经济学家和伦理学家在新气候体制下合作进行更多制度创新，它们可能在国界之内，也可能跨越国界，这样才能兼顾生态效率和生态公平，避免陷入吉登斯悖论。在个体层面，生态问题的解决仍然需要政治生态学意义上的认知革命。毕竟，全球碳排放的30%来自家庭，个体需要自愿担负起为子孙后代谋福祉的责任，人们需要历史自觉、自然自觉来主动调整自己习以为常的生活方式，[2] 人们还需要激发注重天人合一的东方传统生态观的当代价值，培育更具包容性的生态自觉。资本主义的全球化及其现代意识形态只会导致人们面向“全球”背离“本土”，现代中国有必要找回传统文化中重视人与自然有机交融的东方生态观，这是因为，后者所蕴含的既有达观的生活态度，也有包容的认知方式，更有生态危机的解困

---

〔1〕 20世纪70年代末，英国首相撒切尔的一句口头禅——“除了全球化资本主义，别无选择！”——成为后来新自由主义的核心教条。

〔2〕 卢周来：《被瘟疫形塑的世界：历史回顾与当下思考》，载《开放时代》2021年第2期，第120—140页。

良方。[1]“万物各得其和以生，各得其养以成”，荀子的这一名言蕴含了人与自然和谐共生的生命共同体理念，其所传达的，正是现代中国在源远流长的中华文明基础上反思全球化资本主义并对困扰世界各国的生态危机的解决之道的不懈探索。

“家园”何在？惟德动天、无远弗届！

[1] 我国对自然灾害或生态危机的研究一直秉持将社会与自然融为一体的思考路径，强调社会科学与自然科学研究的融会贯通，认为某一地区的生态问题既是自然变异和社会变动彼此共同作用的产物，也是该地区自然环境和人类社会对自然变异的承受能力的综合反映。参见夏明方：《中国灾害史研究的非人文化倾向》，载《史学月刊》2004 年第 3 期，第 16—18 页。

信息乌托邦：新技术革命与网络政治

在过去的五十年中，随着20世纪60年代末70年代初新技术革命的兴起，信息成为一种重要的资源，网络成为一种重要的组织机制，影响着人、财、物的生产、分配、消费、交换模式，引发了军事、政治、经济、社会、文化生活的巨大变化。20世纪90年代中期，美国将自己的互联网从军用、官用转向民用之后，各国接入美国的互联网，各领域、各方面的变化都在加速。对于新技术革命究竟会如何影响人类政治生活，一种浪漫主义的想象不可小觑。

一、新技术革命与信息乌托邦

这种浪漫主义的政治想象认为，网络空间将会缔造一个新理想国、一个美丽新世界，网络正在让政治民主化，理由包括但不限于如下种种。

网络是民主的。传统的传播模式只能像报纸、广播、电视那样“一对多”，或者像电报、电话那样“一对一”，而信息技术不仅创造了新的传播模式——“多对多”和“多对一”，前者如网络新闻组、讨论区、邮件组、博客、“点对点网络”，后者如电邮、评论反馈和网上投票——也推动了各种传播模式的混合，比如微信、微博就兼具多种传播模式，以及各种媒体形式的融合，[1] 比如手机移动联网、有线电视和固定电话的数字化、电视广告与网络内容的融合，以及有线电视、电话、互联网的三网融合。信息技术克服了时间、空间和其他物理条件的限制，让政治传播逐渐民主化了，[2] 这让公民在政治上变得更知情、更明智、更有选择、更积极参与，不仅改善了既有的商议民主、参与式民主，还催生了一种新的民主形式，即所谓“电子民主”（Electronic Democracy）、[3] “数字民主”（Digital Democracy）或者“网络民主”（Cyberdemocracy）。

网络是自由的。网络活动不受经济权力或军事力量的约束，现实世界没有道德权威来监管、控制和统治网络空间，也没有任何让网络空间真正恐惧的治理手段。[4] 传统的媒

---

〔1〕［英］安德鲁·查德威克：《互联网政治学：国家、公民与新传播技术》，任孟山译，华夏出版社 2010 年版，第 5—6 页。

〔2〕 Kellner, D., “Globalisation from below? Toward a radical democratic technopolitics”, *Angelaki: Journal of the Theoretical Humanities*, 4 (2), 1999, pp. 101-113.

〔3〕 Kneuer, M., “E-democracy: A new challenge for measuring democracy”, *International Political Science Review*, 37 (5), 2016, pp. 666-678.

〔4〕［美］约翰·佩里·巴洛：《网络空间自由宣言》，赵晓力译，载北京大学互联网法律中心主办：《互联网法律通讯》2004 年第 1 卷第 2 期，第 17—19 页。

体自由只属于有财富、有能力掌控媒体的人，现在任何人只要一台联网计算机就可以向数十亿受众传递信息。在长尾效应的支配下，网络推动媒体从稀缺走向丰裕，大众媒体没落了，小众媒体兴起了。[1] 总之，在自由开放的网络空间，普罗大众拥有与精英相同的政治内容的生产与传播能力，从而拥有了与精英同等的政治自由。

网络是平等的。它没有现实世界的民族、种族、性别、年龄、职业、籍贯、家庭出身、阶级分层、宗教信仰、教育程度和文化习惯等社会不平等的界限。普通公民的网络讨论可以向上渗透，虽然社会等级制支配着博客及其他在线组织形态，网络流量也可能高度集聚，但小微的利基政治表达更趋平等主义，普罗大众获得了与精英同等的影响政治的权力。精英博主把涓涓细流汇成代表公众的整体力量，高能见度的博客过滤着汪洋大海般的网络意见，大量新“守门人”[2] 提供无数路径让普通公民把关切注入公共讨论。即便最鲜为人知的内容，搜索引擎也能让其为人所见。

网络是公平的。现实世界的财产、表达、身份和迁徙等法律概念都建立在物质基础上，不适用于不以物质为基础的网络空间，网络空间没有先见、偏见和特权，它消除了公共

---

〔1〕 Gillmor, D., *We the media: Grassroots journalism by the people, for the people*, O'Reilly Media Inc, 2006.

〔2〕 “守门人”是指社会表达渠道的众多关键点，这些关键点过滤掉某些事项，让另外一些事项通过，这个概念源于社会学家库尔特·勒温。参见［美］马修·辛德曼：《数字民主的迷思》，唐杰译，中国政法大学出版社2016年版，第16—17页。

舆论生产者与消费者、精英与大众之间的界线，它清除了传统的“守门人”，让普通公民也有能力创造、传播政治信息，让小型的、边缘的、资源贫乏的群体也可发表意见，让每个人都可以成为内容生产者，也让多数人的声音更容易被听到，网络空间成为百花齐放、百家争鸣、理性辩论、公平竞争、平等协商的公共舞台。

网络是多元的。它把公众注意力从传统的新闻媒介和利益群体导向无数小微政治信息源，政治博客、倡议组织和其他非商业表达渠道挑战着商业媒体对公共话语的垄断，公民讨论获得同等的能见度，从而扩大了政治言论和思想市场的规模，让美国政治整体上立足于更多样的媒体渠道和政治信息源，为理性的公共辩论和民主商议提供了可能性。

网络是去中心化的。它分布式的技术架构带来了新的可能性，改变了支撑大众政治参与和引导精英决策的过程、技术和基础结构，拯救着陷入激烈竞争的个人主义、不断弱化的身份认同、逐渐衰微的传统宗教价值观、家庭价值观和情感交流等各种泥潭的现代社会，拯救着代议制民主下的政治冷漠、投票率下降和政党身份的萎缩，把不活跃的公民动员起来表达意见、组织起来参与政治，让人们不再“自娱自乐”，[1] 不再政治冷漠。进而，网络的政治联合将会引发权力的转移，逐渐削弱政党、利益集团、立法机构和行政机构

---

〔1〕 Putnam, R. D., *Bowling alone: The collapse and revival of American community*, Simon and Schuster, 2001.

等传统的政治中介，并终将消除政治、经济和社会过程的所有中介。

网络是全球化的。网络将改变一切，连接一切，搜索一切，[1] 收集一切，[2] 一切皆可量化。世界是平的，地球是一个村庄，每个人都可以通过网络连接起来，组成一个“全球信息社会”。新的全球性、世界性的政治议题不断涌现，催生了“全球信息政策机制”，比如联合国的“全球脉动”项目，诞生于肯尼亚的“目击者数据平台”（Ushahidi）等。信息和资本的流动跨越了国家政府的边界，新自由主义的世界经济崛起，各国将不得不减少监管，共同处理全球政治、经济、军事和文化治理体制的新变化。国家与非国家行为体形成了“复合相互依赖关系”，[3] 联合国、欧盟、经济合作与发展组织、七国集团、亚太经合组织、东盟、世界贸易组织等政府间组织，以及互联网域名与数字地址分配机构、世界经济论坛、全球电子商务企业对话组织和全球信息基础设施委员会、国际互联网协会等非政府组织，都聚合在国际电信联盟组织的“信息社会世界峰会”上，构成了一个全新的全球信息社会机制、一个“全球性的网络政体”，乃至一

---

〔1〕 人们借助搜索引擎搜索一切，借助信息平台触及一切，同时被搜索引擎“个人化”了，也把个人隐私交给了信息平台。

〔2〕 ［美］格伦·格林沃尔德：《无处可藏：斯诺登、美国国安局与全球监控》，米拉、王勇译，中信出版社 2014 年版，第 85—160 页。

〔3〕 Keohane, R. O. & Nye, J. S., “Power and interdependence in the information age”, *Foreign affairs*, 77 (5), 1998, pp. 81-94.

个“全球互联网政府”。[1]

简言之，网络是民主的、自由的、平等的、公平的、多元的、去中心化的、全球化的，网络可以也必将连接一切，这承载着人类社会诸多美好政治价值目标的新技术革命，必将打破旧的政治版图，绘就一幅更绚丽动人的新政治图景，为不满于现实世界种种不民主、不自由、不多元、不公平、不平等的人们创造一个美丽的新政治世界。这种对网络空间的浪漫主义政治想象弥散在现实世界的各个角落。

二、反思信息乌托邦

马修·辛德曼的《数字民主的迷思》对网络政治浪漫主义者提出了严肃认真的挑战，[2] 这本书试图回答网络政治的一个元问题：网络有没有让政治更包容，有没有限制精英的权力，有没有扩大普通公民的权利，进而，有没有让美国政治更民主化？

辛德曼首先反驳了“技术民主论”。[3] 技术是中立的，

---

〔1〕［英］安德鲁·查德威克：《互联网政治学：国家、公民与新传播技术》，第 277—304 页。

〔2〕 辛德曼的观点显然是悲观主义的，与之相对的乐观主义研究，如 Mossberger, K., Tolbert, C. J. & McNeal, R. S., *Digital citizenship: The Internet, society, and participation*, MIT Press, 2007; and Gainous, J. & Wagner, K. M., *Rebooting American politics: The internet revolution*, Rowman & Littlefield, 2011。

〔3〕［美］马修·辛德曼：《数字民主的迷思》，第 1—24 页。

技术的影响却并非如此，仅仅从规范层面说信息技术是个好东西，难以清晰判断网络的复杂影响。网络的确正在重构政治影响力，正在拓宽政治空间，正在提升政治参与能力，正在让公民涉足从未涉足过的政治活动，正在挑战传统精英对政治的垄断，但这既需要描述性的验证，也需要重新定义民主。也就是说，民主不仅仅意味着公民在法律上享有某种实质性的政治权力，比如选举权，也更多地意味着公民享有平等的政治权力，尤其是享有对于两次选举间歇期的政治过程、政府过程和政策过程的平等参与权。更重要的是，权力与能力直接相关，能力又与机会直接相关，如果参政机会不平等，能力、权力、政治影响力的不对称就不可避免。而真正决定参政机会的，是内涵更为丰富的政治表达权，公民既要有渠道说得出，又要有可能被听得见，这种对民主的新定义显然受到了托克维尔、维巴（Sidney Verba）和亨廷顿的影响。因此，辛德曼认为，如果新技术让普通公民有更多渠道说得出，让更多公民的意见被精英听得见，被听到的公民意见也可以代表公共意见，那么，即便它并没有限制强势群体的权力，没有限制作为公共舆论生产者的精英的权力，也就证明网络这个新生事物的确推动了政治的民主化，“网络政治”也因此足以建构一种新的政治科学。

那么，网络究竟有没有推动新政治科学的诞生呢？辛德曼通过对大量数据的分析，推翻了人们对网络政治理想国的想象。他主张，人们应该超越技术细节，关注与信息基础设施交织互嵌的社会、经济、政治乃至认知过程，因为网络对政治的影响主要体现在网络基础结构的特征及其变化之上。人们通常认为，网络基础结构主要由物理层、代码层、内容层三个层面构成，这种三分法忽略了决定网络空间开放度的关键变量：搜索层的崛起。正是搜索层扼住了网络的咽喉，引导并限制着公民的搜索，约束着公民的选择，过滤着公民所见的内容，在网络空间复制了现实世界中的“赢家通吃”模式，后者决定着政治内容的能见度，决定了谁能在网上被听见。

搜索层的崛起影响巨大。〔1〕搜索引擎推动了公众注意力的高度集聚化，决定着注意力在不同网络信息源之间的分配。辛德曼通过对美国国会、常规政治、堕胎、总统、死刑和枪支管理等政治议题的大数据研究，发现了一些与流行观念不同的规律。其一，网站流量越低，越不大众化，就越依赖搜索引擎的推荐。其二，每个站点群落的链接分布都接近幂律状态，一小簇超级成功的网站获得了绝大多数链接，一小簇网站获得了绝大多数在线访客，这两类站点又高度重叠，用户浏览模型和搜索引擎合力让用户把注意力集中在这种网站上，导致网络空间的资源和网络用户的注意力都高度集聚化。其三，指向网站的链接数决定网站的能见度，链接越多、流量越大，网站群组中的极小一部分获得绝大多数链接和流量，被密集链接的站点赢得更多链接、更多眼球、更多用于提升站点内容的资源，这种赢家通吃模式支配着网络

〔1〕［美］马修·辛德曼：《数字民主的迷思》，第76—106页。

政治群组乃至网络空间的每个层次。这些网络政治群落不是商业力量推动的，所以并不是现实世界的“利益集团政治”在网络空间的移植复制，而是有更基础性的力量在发挥作用。简言之，网络的基础结构变了，在搜索层中，网络的链接结构和模式约束着网络的政治潜力，也约束着公民的选择。网络并没有消除政治生活的排他性，只是把排他性的门槛从政治信息的生产环节转移到了政治信息的过滤环节。网络创造了巨量的政治信息，但公民的认知资源却仍然是有限的。

网络改变了政治的组织机制，比如政治筹款、精英策略、志愿者招募等，似乎进而改变了政治的基础结构，网络关注可以带来政治捐款这样关乎生死的有形政治资源，也可以创造“早期势头”之类的无形资产，但是，网络竞选活动在很大程度上只是对虔诚信徒的布道，吸引、组织和动员的只是潜在的核心支持者，而不是摇摆不定的中间选民。[1]进而言之，网络基础结构的各个层次都呈现出“马太效应”，物理层、代码层、内容层、搜索层都没有改变资源与能力分布的不对称状况，没有为网络理想国提供真正的保障。

在物理层，不同阶层、不同种族、不同受教育程度的人们之间在网络访问、网络使用能力上的“数字鸿沟”（Digital Divide）依然如故。即使在网络使用大规模扩张的20世纪90年代，黑人、拉丁裔、穷人、老人、受教育程度较低者以

---

〔1〕［美］马修·辛德曼：《数字民主的迷思》，第25—49页。

及农村的人，在网络访问与使用方面仍然是落后的。在世界范围内，富人与穷人，发达国家、发展中国家与不发达国家之间，仍然存在巨大的信息鸿沟，卡伦·莫斯伯格将其细分为获取鸿沟、能力鸿沟、经济机会鸿沟和民主鸿沟。[1] 只要不同阶层的网络访问和使用能力是不平等的，网络就仍然是以牺牲劣势群体为代价，从而最终以表达和促进优势群体的利益为目标，因此就不是民主的。

在代码层，让网络上任意两台计算机之间实现交流的 TCP/IP 协议非常开放，用于创建大多数网页内容的 HTML 允许直接链向任意的在线文档。然而，即便最便宜的硬件、最开放的协议，也不能排除在政治内容创建上的不平等，国内政治多样性的增加也并非确定无疑，分形机制构造起来的每个网络层级都遵循着赢家通吃模式。[2] 同时，互联网的整体结构仍然是金字塔式的，互联网的运作依赖处于塔尖的根服务器所支撑的域名解析系统。但是，全球的 13 个根服务器中有 10 个控制在美国手中，英国、瑞士、日本分别控制一个，[3] 而域名解析系统在 1972—1998 年之间主要由乔恩·波斯特尔（Jon Poster）所建立的互联网编码分配机构控制，在他因心脏病去世之后，美国政府在 1998—2000 年之

〔1〕 Mossberger, K., Tolbert, C. J. & Stansbury, M., *Virtual inequality: Beyond the digital divide*, Georgetown University Press, 2003, p. 9.

〔2〕［美］马修·辛德曼：《数字民主的迷思》，第 50—75 页。

〔3〕 Mueller, M. L., *Ruling the root: Internet governance and the taming of cyberspace*, Cambridge, MA: MIT Press. 2002, pp. 1-15.

间主导建立了现行的互联网域名与数字地址分配机构，互联网控制权的高度集中引发了其他国家对网络主权的担忧。

在内容层，网络空间存在明显的意识形态差异和党派差异。比如在美国，自由主义的影响巨大，自由派的受众占优势，代表权过高，保守派相对弱势。如果用户精明度持续提高，如果共和党候选人投入资源利用网络，如果保守派同样高度重视在线参与，这种局面才有可能改变。更值得关注的是，网络内容生产的经济结构同样导致受众集聚在一小簇成功网站周围。网络的确降低了内容发行成本，但并没有降低进入门槛，并没有逆转反而放大了集聚化的经济逻辑，在线市场领域很多是资本高度密集型的，先行者拥有巨大的新发优势。搜索结果是在线内容的一种重要形式，所以搜索引擎也是内容提供商，它们要成为市场的领导者，需要的不只是新的算法技术，同样需要巨大的投资。[1]

辛德曼指出，最重要的不是长尾效应，而是“中层缺失”。受众份额在媒体站点之间的分布并没有变得更平等，网络并没有像罗宾汉那样从大型的印刷与广播媒体那里抢夺受众将其分配给小伙伴，网络空间的消费市场比纸媒更加集聚于前10位或前20位的媒体，那些微型媒体确实获得很大一部分关注，中间类别的媒体在网络世界中相对衰落了，更小型的地方性媒体机构，输给了全国性的信息源。像传统新闻行业一样，政治博客的流量也集聚于少数信息出口，一小

〔1〕［美］马修·辛德曼：《数字民主的迷思》，第107—132页。

群上层博主所获得的流量比其余公民总体所获得的还要多，而政治顾问和耶鲁毕业的法律人在政治权力中心并不缺乏代表性。事实上，网络空间存在强大的等级制度，网络媒体的等级制是结构性的，与构造网络的那些超级链接融为一体。它们也是经济性的，处于谷歌、雅虎和微软等公司的支配之下；它们还是社会性的，处于一小群白人、高学历者、男性职业人士的支配之下。后者在网络舆论中有着极为过度的代表权，这种等级制微妙并决定性地影响着网络政治。这很可能损害媒体的多样性，缩小公共空间，妨碍公共讨论的平等参与，从而不利于民主。这导致了很多令人费解的网络政治悖论。[1]

《数字民主的迷思》这本书以扎实的论证挑战了浪漫主义的网络叙事，揭示了网络政治的局限性。换言之，信息技术是新的，网络政治却依然是旧的。如果政治站点高度集聚化，网站链接和流量的幂律分布高度两极化，那就不得不正视网络的自相似性，正视在分形机制构造起来的网络中局部的赢家通吃模式在整体的赢家通吃模式中的复制。如果公民们整体上消费极少的政治内容，网络公共空间的公共性就大打折扣。如果网络受众实际上更加集聚到最具人气的极少数顶级媒体那里，同时又向最缺人气的小规模在线内容分流，仅仅关注个人化的内容以及小微信息生产者对公共生活的贡献，就是掩耳盗铃。

---

〔1〕［美］马修·辛德曼：《数字民主的迷思》，第133—185页。

如果部分公民比其他公民更有能力用理性和合理的措辞表达观点，那就必须关注哪些人的声音无法被听到，这些人很可能也正是那些在现实世界的政治结构中未获充分代表的劣势群体，比如女性、少数族裔，尤其是黑人、穷人。那么，人们对网络空间抱以厚望的“商议民主”效应也就成为泡影，以谷歌政体（Googlearchy）[1] 为核心特征的网络政治事实上已经是一种“贵族政治”。

如果网络并没有赋予普通公民什么权利，反倒让那些满腹牢骚的精英得以绕开制度性的约束；如果在网络空间成功触发丑闻事件的那些人，恰恰就是有能力有效利用网络的精英们；如果网络讨论很难衍生相互尊重，网络回音室效应所促进的就是想法一致的人们的极化倾向而非不同观点之间的和解；如果网络空间的设计安排更有利于消费者而不是公民，更有利于企业集团利益而不是公共利益；如果每天获得几十万点击的那一小群博主显然是政治精英；如果所有备受赞誉的网络政治案例都依赖政治精英去游说、协调、组织、动员，而这些新的网络精英并不必然比旧精英更加能代表普通大众，那么人们就不得不对网络的政治民主化神话保持

---

〔1〕 乔治敦大学美国研究主任黛安娜·欧文（Diana Owen）把“谷歌政体”视为《数字民主的迷思》的最重要理论贡献，其研究方法也非常具有创造性，不同于传统的对网站内容的分析、对特定政治内容的受众调查或者对网站站长和公民记者的访谈，这本书的分析和结论建立在不同的数据库及其巨量数据分析和自动分类技术的基础之上。See Owen, Diana, “Book Reviews of ‘The Myth of Digital Democracy’”, *Political Communication*, 26, 2009, pp. 354-366。

警惕。

如果网络并没有弥合现实世界的政治精英与普罗大众之间的差距，没能阻止某个公民集团或阶层的持续统治，如果绝大多数公民在公共辩论中仍然无法真正被听到，那么多元主义在网络空间也就破产了。

三、网络政治的新世界

最终，我们可以发现，《数字民主的迷思》这本政治传播乃至网络政治（学）的里程碑之作的标题也正提炼了其最大贡献所在。20 世纪 90 年代以来，美国式的自由民主制似乎意味着历史的终结，人类社会的政治模式再无其他可能性，这种观念投射在网络与政治的关系上，导致人们对信息技术的民主潜能估计过高，而在作为“历史终结论”的发源地的美国，“数字民主论”、“网络政治民主论”，与“用户至上”、“大数据中立”、“人民有选择”一样，〔1〕都成了需要破除的迷思。在辛德曼看来，这些迷思最大的问题不是过于乐观，而是不承认信息技术带来的某些政治成功是以某种损失为代价的。

因此，我们需要充分理解网络与政治之间关系的复杂性。信息既可能单向流动，也可能双向流动。网络政治既为

---

〔1〕 Webster, J. G., “Three myths of digital media”, *Convergence*, 23 (4), 2017, pp. 352-361.

国家提供了内部控制的必要性，比如各国对淫秽内容的规制、欧盟的隐私保护法、美国的《爱国者法》授权的内部监视，也涉及国与国之间的国家安全问题，比如美国的棱镜计划、梯队系统，英美对卫星信号、微波信号、地面线路电子通讯等全球电子信号的拦截和窃取。[1] 网络既可能走向“多元”、“分权”、“去中心化”和“去规制化”，扩大平等、“包容性”、公共对话空间和民主，延伸自由，促进公平；也可能走向单一、“集权”、“中心化”和“再规制化”，强化等级，增强“排他性”，导致碎片化、巴尔干化和政治隔离，缩减民主，限制自由，放大不公。

简言之，网络具有增强效应，它增强现实世界的所有政治过程。[2] 在国内与国际两个层面，网络政治的性质，仍然符合信息技术革命之初人们的判断，即它充其量只是一种“管理型民主”（Managerial Democracy），政府职员高强度地使用电脑决策工具，让很多政府职能理性化、专业化，并最终也会使之“去政治化”。[3] 进而，技术本身是非政治性的，但技术的作用和影响是政治性的，不是技术决定社会、经济、文化与政治，而是社会、经济、文化与政治决定技术的用途。人们对什么是一个好的社会模式、经济模式、文化

---

〔1〕［英］安德鲁·查德威克：《互联网政治学：国家、公民与新播技术》，第366—386页。

〔2〕 Agre, p. E., “Real-time politics: The Internet and the political process”, *The information society*, 18 (5), 2002, pp. 311-331.

〔3〕 Laudon, K. C., *Communications technology and democratic participation*, New York: Praeger, 1977, pp. 19-24.

模式与政治模式的想象，决定着技术的作用和影响范围。

但是，正在进行的信息技术革命的确给现实政治与治理带来了新的挑战，规制的成本扩大了，管理的难度加大了，控制的难度也加大了，网络主权、网络安全、网络标准、网络税收、网络自由、网络隐私、“消费者主权”、内容规制、监控、[1] 知识产权、巨头垄断、跨国公司权力、国际组织权力等网络议题[2]成为政治学、法学、社会学、传播学、经济学的研究热点，并且尤其需要在基础理论意义上回应千变万化的实践发展。就此而言，网络空间的确在孕育着某种“新政治科学”，这让网络政治成为一块大有可为的学术领地。

---

〔1〕 Lyon, D. , *The electronic eye*: *The rise of surveillance society*, Minneapolis: University of Minnesota Press, 1994; *Surveillance society*: *Monitoring everyday life*, Buckingham and Philadelphia: Open University Press, 2001; *Surveillance as social sorting*: *Privacy*, *risk*, *and digital discrimination*, London and New York: Routledge, 2003; *The information society*: *Issues and illusions*, Cambridge: Polity Press, 1988.

〔2〕 Drake, W. J. & Wilson, E. J. , *Governing global electronic networks*: *International perspectives on policy and power*, MIT Press, 2008; DeNardis, L. , *Protocol politics*: *The globalization of Internet governance*, MIT Press, 2009; Deibert, R. , Palfrey, John. , Rohozinski, R. & Zittrain, J. , *Access controlled*: *The shaping of power*, *rights*, *and rule in cyberspace*, MIT Press, 2010.

个人的即政治的：女性主义与国际政治

作为西方哲学的重要传统之一，实证主义在 19 世纪经由孔德和斯宾塞等人引入社会科学研究方法，并与狄尔泰等人倡导的历史主义方法形成两大对立阵营。孔德等人的实证主义提倡用自然科学的方法，即实证方法，促进社会科学的进步。这一观念的确在社会科学的发展中影响深远，韦伯在其社会科学研究方法中提出的价值中立原则正是对这一思想的回应。不过时至今日，这种实证主义思想屡受挑战，除历史主义方法以外，还包括后期维特根斯坦哲学的“语言学转向”，以及 20 世纪中期“后现代主义”的发展，都对实证主义形成不小的冲击。而伴随“激进女性主义”发展起来的第二波女性主义思潮更被视为有颠覆实证主义之势。循着暮霭中的风景前行的女性主义带着一丝叛逆和无畏，她们旨在冲破令她们失语的樊篱，自然要将矛头指向处在霸权地位的实证主义。但女性主义挑战实证主义的意图并不在于颠覆，而在于从认识论、方法论和实践观三个层面进行反思，并重新诠释自己对社会生活、国家治理与国际政治的理解和主张。

一、女性主义的认识论

认识论是关涉谁可以成为知者、可以获知什么知识以及如何认识事物的哲学理论，是研究者进行研究设计的基本假设，关系研究操作的整个过程。为了保证学术研究的可靠性，社会科学研究长期以来一直近乎不离不弃、亦步亦趋地追随着自然科学的种种模式，对实证主义认识论自然推崇有加。〔1〕心理学和社会学大体上也不外乎此，比如多数心理学家都会以尽量满足自然科学的标准为出发点，赞同“研究应该是科学的，或者至少应该是客观的、可控的和可检验的”〔2〕；而女性主义研究则正是建立在对这种实证主义科学知识及其知识建构的批判之上。

女性主义从三个方面对实证主义认识论提出了挑战：谁可以拥有知识？什么可以称为知识？以及知识又是什么？

（一）谁可以拥有知识：反思男性中心主义

女性主义者指出，实证主义的认识论假设一直深受范围广泛的等级文化的塑造和渗透，并努力维持那些嵌入日常生

〔1〕 Hesse-Biber, S. N., Leavy, p. & Yaiser, M. L., “Feminist approaches to research as a process: reconceptualizing epistemology, methodology, and method”, in S. N. Hesse-Biber & M. L. Yaiser (eds.), *Feminist Perspectives on Social Research*, Oxford: Oxford University Press, 2004, p. 5.

〔2〕 Coolican, H., *Research methods and statistics in psychology*, London: Hodder & Stoughton, 1994, p. 4.

活的等级制的长期存在，比如父权制、精英主义、异性恋主义以及西方社会特有的社会权力的种族化等，因此，实证主义实际上反映并扩展着一种支配性的世界观，旨在维护不平等的权力关系。[1] 这种权力关系以男性为中心，从研究的主体和客体两方面同时排斥女性的涉入。

自20世纪60年代第二次女性主义思潮以来，女性主义者逐渐把女性的经验、关切点以及女性本身置于学术工作的中心位置，并质疑知识建构排斥女性的理由，立足女性的现实生活开展研究，力证自然科学和社会科学以男性为中心的偏见，以及这种偏见在研究问题及其相应“答案”中是如何遗漏女性的。

实证主义科学所强调的男性中心主义植根于西方文化，并与二元的性别定型观念和文化社会化相连。客观的科学是“硬”的，处理的是事实；较为主观的科学是“软”的，处理的是情感和诠释。不难发现这种区分背后的性别隐喻：男人是硬的、有逻辑的，女人是软的、重情感的。这种性别定型观念应用在科学研究中，产生了带有男性偏见的、以男性为中心的科学发现，比如一些生物学家在比较某种鸟类的脑部时，常常把较小的雌鸟大脑称为“萎缩”的大脑，而不会

---

〔1〕 Hesse-Biber, S. N., Leavy, p. & Yaiser, M. L., “Feminist approaches to research as a process: reconceptualizing epistemology, methodology, and method”, in S. N. Hesse-Biber, p. Leavy & M. L. Yaiser (eds.), *Feminist Perspectives on Social Research*, Oxford: Oxford University Press, 2004, p. 11.

说雄鸟大脑“臃肿”。[1]

男性中心主义的科学家不但排斥而且贬低一切异己者，正如历史上白人、中上阶层、异性恋的男性贬低所有其他类型的人，其逻辑很简单：这些人因为异己，所以低等。这种逻辑正是科学被视为维持父权制社会基础力量的部分原因。许多女性主义者批判这种以男性为中心的偏见排斥女性，并把男性的观念视为人的标准，男性的真理就是女性的真理。[2] 女性主义者力图以不同于主流的方式重新定义真理，坚称女性和其他边缘群体都可以获得知识。因为收集知识的方式很多，而没有哪一种方式本质上优于或者差于另一种方式。

（二）什么可以称为知识：浮出历史表面的女性经验

女性主义者认为，应该根据女性的经验重新思考一直以来与男性中心主义保持一致的各种论题，尤其强调将政治、社会、心理和经济等现象嵌入某种权力关系中进行考察。许多研究还提出了新的议题，彰显那些从未有人研究的不可见的人和事。阐明这些人和事如何被人忽略，她们的声音如何被打了折扣，以及她们的历史地位如何不被承认，从而把女性经验拉到聚光灯下，展现女性的权力主体身份，而不再作

---

〔1〕 Gee, J. P., *An Introduction to Discourse Analysis: Theory and Method*, Routledge, 1999, p. 57.

〔2〕 Halpin, Z. T., “Scientific objectivity and the concept of the ‘Other’”, *Women's Studies International Form*, 12, 1989, pp. 258-294.

为相对于男性的他者。[1]

女性主义者把“经验”作为重要范畴，并旗帜鲜明地将女性纳入研究议程，这是在“什么值得研究”、“什么是有价值的知识源泉”议题上的一次重要转变。她们认为，女性主义建构知识的方法是认识到“考察女性经验极为重要”。正如“立场论”的基本观点：女性主义学者不应排斥自身经验，而应把自身经验和行动作为调查的“起点”。[2]“立场论”不仅可以考察女性的普遍经验和一般共识，也可以为在社会学和其他学科中缺席的主体和经验创造空间。对女性主义研究而言，这种“立场论”的方法不仅必需，而且是一种必然。以公厕的规划建设为例，相对于男性，女性更可能关注女性如厕难的症结所在。

不过，在运用“立场论”时，研究者需要认真对待女性经验的多样性，要充分考虑自己的立场、经验和知识是否具有普遍性，能否得到更多证据支持，不能简单地推己及人。同时，面对支持量化研究与马克思主义传统的人所持的批判——“个人观点带有偏颇性，无非是反映意识形态的偏见”，女性主义者亦应该分析女性运动如何与“统治”利益发生联系，意识形态的统治过程又如何塑造（而非彻底破

---

〔1〕 Reinharz, S. & Davidman, L., “Conclusion”, in Reinharz, S. with the assistance of Davidman, L., *Feminist Methods in Social Research*, New York: Oxford University Press, 1992, pp. 247-248.

〔2〕 DeVault, M. L., “Talking back to sociology: distinctive contributions of feminist methodology”, *Annual Review of Sociology*, 22, 1996, p. 39.

坏）女性对自身经验的解释。[1]

（三）知识是什么：一种普遍的绝对真理，还是某种部分的相对认知？

人们的视角总是被设定的（located），而从特殊立场出发所创造的知识只是“部分真理”。这种承认“部分性”的知识比那些本来是部分的却要冒充普遍真理的知识更为可信。[2] 这是因为，“等级社会根本不存在一般真理，只有与研究参与者共同获得的部分的、情境性的真理”。[3] 在这个意义上，女性主义者也只是致力于发现部分真理，而无意追求自身知识的普遍化，从而避免扭曲他人的经验。女性主义者尤其强调真理可能有多个版本，实证主义创造的二元对立是不成立的，将研究者和研究对象以及知者和可知者对立起来，只会使研究过程充满偏见，导致处于这种等级结构上端的研究者对处于下端的研究对象的压迫。[4] 因此，女性主

---

〔1〕 DeVault, M. L., “Talking back to sociology: distinctive contributions of feminist methodology”, *Annual Review of Sociology*, 22, 1996, p. 41.

〔2〕 Collins, p. H., *Black Feminist Thought: Knowledge, Consciousness, and the Politics of Empowerment*, Boston: Unwin Hyman, 1990.

〔3〕 Hesse-Biber, S. N., Leavy, p. & Yaiser, M. L., “Feminist approaches to research as a process: reconceptualizing epistemology, methodology, and method”, in S. N. Hesse-Biber, p. Leavy & M. L. Yaiser (eds.), *Feminist Perspectives on Social Research*, Oxford: Oxford University Press, 2004, pp. 11-12.

〔4〕 Sprague, J. & Zimmerman, M., “Overcoming dualisms: A feminist agenda for sociological methodology”, in England, P. (eds.), *Theory on Gender/ Feminism on Theory*, New York: Aldine DeGruyter, 1993, pp. 255-280.

义者将研究者和被研究者置于同一平面。

“实证主义总是以一种狭隘、自足的方式寻求知识，而女性主义则与研究对象一起发现和创造知识。研究对象会把自己的经验知识、关注点以及对研究计划的情感带给研究者。正如史璞兰等人的解释，实证主义努力创造一种‘无处不在的观点’，而女性主义者则要创造一种‘来自于某处的观点’。女性主义者关注的是获得多种声音。”[1]

二、女性主义的方法论

女性主义缔造了对女性及其生活世界的全新认知，并对实证主义方法论发起了挑战。

女性主义方法论是“女性主义研究方法的总和”[2]。而女性主义研究方法并非全新的发明，很大程度上，它只是对原有社会科学研究方法的修改，令其更具包容性；然而，女性主义研究者却创造了关于研究实践和认识论写作的特殊

---

〔1〕 Hesse-Biber, S. N., Leavy, p. & Yaiser, M. L., “Feminist approaches to research as a process: reconceptualizing epistemology, methodology, and method”, in S. N. Hesse-Biber, p. Leavy & M. L. Yaiser (eds.), *Feminist Perspectives on Social Research*, Oxford: Oxford University Press, 2004, pp. 11-12.

〔2〕 Reinharz, S. & Davidman, L., “Conclusion”, in Reinharz, S. with the assistance of Davidman, L., *Feminist Methods in Social Research*, New York: Oxford University Press, 1992, p. 240.

主体，这是它们被称为女性主义研究方法的主要原因所在。[1]

女性主义方法论的独特性表现在女性主义者力求建立：(1) 进行“挖掘”工作的方法论，转变聚焦于男性关注点的一般做法，以揭示女性的地位和视角，从而使一直受忽视的女性经验和存在可见化。其关键在于涵盖每位女性的个人证言（personal testimony）。不过，这种挖掘工作需要剔除代表某一特殊利益群体的女性主义者所创造的虚假普遍性，从而尽可能地关注多种多样的女性经验；(2) 在研究过程中将对被研究者的伤害和控制最小化的方法论。这是为了回应传统科学研究中研究者与被研究者的等级关系和剥削关系（这种方法论正逐渐扩展至其他学科）；(3) 以实践为导向的方法论，支持对女性有价值的研究，导向有益于女性的社会变革或者行动，许多女性主义研究成果都有明确的政策建议。基于这种实践导向，女性主义者可以充分挖掘社会变革中的性别盲区，争取改变政策变革只有利于男性的现状。[2] 这种以实践为导向的研究方法，同时将研究过程本身也视为实践过程，通过让被研究者参与研究实践，提高她们对生活世界的认知，进一步改变她们的生活，而参与其中的研究者也

---

〔1〕 DeVault, M. L., “Talking back to sociology: distinctive contributions of feminist methodology”, *Annual Review of Sociology*, 22, 1996, p. 31.

〔2〕 DeVault, M. L., “Talking back to sociology: distinctive contributions of feminist methodology”, *Annual Review of Sociology*, 22, 1996, pp. 33-34.

同样会发生某种认知上的转变。[1] 国际女性主义共同体一直关注社会研究对女性福利以及知识的贡献，这也是女性主义研究者的双重责任。而对大多数女性主义者而言，应该力争使自己的研究借助意识的提升和特定的政策建议来促进社会变革。因此，“女性主义社会研究不仅需要建构关于性别的抽象分析……还要努力改变我们生活在其中的性别关系和社会”[2]。

女性主义方法论亦建立在对实证主义方法论的挑战和质疑的基础之上，主要涉及下述三个论题。

（一）主观性（subjective）与客观性（objective）

实证主义强调与研究对象的疏离，强调研究者的超脱、客观性和价值中立，因为个人经验只会侵蚀客观性，不可能成为研究的主流。女性主义者一直致力于批判这种虚假的客观性。实证主义把设问（阐述研究问题是什么）和验证（研究如何开展、方法如何应用）作为科学研究的两个阶段；而研究什么问题本身就牵涉研究者的个人偏好和背景知识，并在研究者的文献回顾中得以反映和印证。因此，客观性只适用于验证问题的证明阶段。也就是说，“研究者揭示的是

〔1〕 Lather, P. , “Feminist perspective on empowering research methodologies”, *Women's Studies International Forum*, 11 (6), 1988, pp. 569-581.

〔2〕 Reinharz, S. & Davidman, L. , “Conclusion”, in Reinharz, S. with the assistance of Davidman, L. , *Feminist Methods in Social Research*, New York: Oxford University Press, 1992, p. 252.

她们如何进行研究，而不是她们为什么进行研究”[1]。所以“接受我们的主观性、情感以及社会立场，比假设我们中间的一些人可以超脱它们更符合逻辑”[2]。

因此，女性主义者更加强调主观性。首先，她们强调在研究过程中研究者自身的卷入。女性主义者总是用自己的声音展示自己的研究，与主流强调第三人称书写不同，她们多采用第一人称写作。许多女性主义者的研究源于自身生活，研究就是其生活的一个部分。美国社会学家阿利·霍赫希尔德（Arlie Hochschild）的《第二班》（*The Second Shift*）的创作动因，正来自她本人既要工作又要照料孩子的双重负担。心理学家维基·赫尔格森（Vicki S. Helgeson）在《性别心理学》（*The Psychology of Gender*）中的很多论述，来自她做母亲的经验。一些女性主义者撰写自传，描述作为女性研究者的经验，在写作过程中融入了大量情感因素，这本身也是在冲击传统理论所强调的去情感化，这样做往往可以使“私人”与“公共”融合起来。一些研究者强调，女性主义研究框架中的“从研究者立场出发”，就是要确保从女性的立场出发。因为传统理论称道的研究者的超脱，实际上都是以

---

〔1〕 Hesse-Biber, S. N., Leavy, p. & Yaiser, M. L., “Feminist approaches to research as a process: reconceptualizing epistemology, methodology, and method”, in S. N. Hesse-Biber, p. Leavy & M. L. Yaiser (eds.), *Feminist Perspectives on Social Research*, Oxford: Oxford University Press, 2004, pp. 12-13.

〔2〕 Ramazanoglu, C., “On feminist methodology: male reason versus female empowerment”, *Sociology*, 26 (2), 1992, p. 211.

男性中心立场为标准的。这种结合研究者立场的方式，使她们感到那些让人困惑和烦恼的事情变得“需要让人知道”，而她们作为内部人的经验令她们可以理解外部人无法体会的东西。借用舒拉米特·雷恩哈兹（Shulamit Reinharz）的话，“即使是那些最富同情心的男人，也无法像女人那样清晰地理解女人”〔1〕。

不过，许多做跨文化研究的女性主义研究者却不提倡这种“从研究者立场出发”的方式，理由是它可能只会导致种族中心主义。也有一些女性主义研究者强调客观性，她们认为社会科学家有影响公共意见的能力，因此必须非常谨慎地处理她们带入研究中的关于性别差异的偏见。于是，很多女性主义研究者开始关注并致力于处理客观性和主观性之间的这种张力。她们认为，承认有自己的视角，并不表示放弃客观性，相反，人们完全可以在清晰的思想观念的指导下展示实质上的客观性。换句话说，个人经验可以成为一种必要的或者说合法的资源，只是女性主义研究者在评估自我经验时，要清楚自身经验并不等于其他女性的经验，绝不是一种尺度或者标准。

其次，女性主义者强调被研究对象在研究过程中的卷入。女性主义者基于观察和访谈的研究，往往会包括研究者和研究对象之间的有力联系，这种联系在研究过程中形成、

〔1〕 Reinharz, S. & Davidman, L., “Conclusion”, in Reinharz, S. with the assistance of Davidman, L., *Feminist Methods in Social Research*, New York: Oxford University Press, 1992, p. 262.

发展，并在研究结束后继续存在。一些研究者研究自己的朋友，一些研究者还直接为被研究者提供支援。拉美问题研究者奥黛丽·布龙斯坦（Audrey Bronstein）就认为“良好的私人关系是研究女性的前提之一”，她只研究那些已经与之建立联系的女性……她希望自己从所研究的女性那里获得知识（learn from），而不是获得关于女性的知识（learn about）。[1] 不少女性主义者也承认，研究对象对研究者的自我认知产生了很大影响。

不过，人们对研究者与研究对象关系的看法也是莫衷一是，有人认为研究熟人是比较恰当的，有人认为研究熟人只会导致关系更加复杂，也会令研究更加复杂。不过考虑到女性主义学者旨在重新诠释、界定过去依据男性视角所界定的现象，其获得新定义的重要方法就是通过建立良好关系（rapport）去真正理解女性。很多女性主义研究者认为这种建立良好关系的方式，可以确保她们以非剥削的视角看待被研究者。这种良好关系来自研究者和被研究者之间的互动，也包括情感和经验交流。比如杜伦大学的女性主义学者妮科尔·韦斯特马兰达（Nicole Westmarland）在访谈女出租车司机时，就运用她自己曾做夜班出租车司机的经验与研究对象交流，从而使访谈者和被访谈者处于比较放松的环境之中，避免被访者觉得访谈者高高在上或者不食人间烟火，只是把

---

〔1〕 Reinharz, S. & Davidman, L., “Conclusion”, in Reinharz, S. with the assistance of Davidman, L., *Feminist Methods in Social Research*, New York: Oxford University Press, 1992, p. 264.

被访谈者视为提供资料和数据的工具。[1]

尽管如此，雷恩哈兹认为没有必要对建立良好关系的结果寄予厚望。建立良好的关系也并非轻而易举，阶级、教育程度的差异有时的确存在，研究者和被研究者对问题的认识因此会产生很大分歧。以新贝德福德（New Bedford）葡萄牙裔群体的一宗轮奸案为例，该案从人们最初集会声讨轮奸者和旁观者，发展到一年后很多人集会反对判处轮奸者刑罚（反种族主义的扭曲反应）。一些女性参与这次集会并指责被轮奸的受害者，认为她不应该在午夜独自去男性集中的酒馆买烟、喝酒，并把熟睡的孩子一个人扔在家中不管，大有谴责这个女人咎由自取之意。在这种情况下，很难让研究者跟这些女性建立良好的关系，即便研究者已经充分考虑到种族主义因素。因此，在研究者和研究对象之间建立良好的关系，很多时候是种族、阶级、民族等因素在起决定作用。还有一些被研究者并不愿意与研究者建立良好的关系，因此，在被研究者毫不卷入与深度卷入之间呈现出一个续谱，女性主义者的研究应该在这个续谱上把握好尺度。总之，建立良好的关系不应该成为女性主义研究的负担；而且，有研究者也指出，亲密关系还可能导致伦理问题，关系越亲密，越可能产生更严重的剥削之险，这也是女性主义田野调查面临的

---

〔1〕 Westmarland, N. , "The Quantitative/Qualitative Debate and Feminist Research: A Subjective View of Objectivity", *Forum Qualitative Sozialforschung/Forum: Qualitative Social Research* [On-line Journal], 2 (1), 2001, http: //qualitative-research. net/fqs/fqs-eng. htm.

困境之一。如何解决这个难题？众说纷纭，有人建议应首先识别种族差异，有人强调要给被访者回赠礼物。本文主张与被访者一起重温访谈资料的方式，即研究者应把自己的访谈分析拿给被访问者检验，以确保分析内容都是被访问者表达并愿意公开的。

需要指出的是，虽然女性主义者推崇主观性，但她们无意把主观与客观对立起来，而是认为客观性和主观性之间的关系不是相互争战，而是相互服务。当然，女性主义者倡导的客观性与实证主义的那种绝对超然的客观不同。在女性主义看来，客观性不过是一种简单的情境性的知识，这改变了主观与客观之间强烈的二元对立局面。女性主义主张的客观性，使传统上完全不受社会影响和个人信仰干扰的客观研究不再可能。所有研究都在社会中发生、进行，社会的信仰体系与结构制度等因素自然会影响研究，研究者也会把个人因素带入整个研究；因此，客观性在本质上只存在于科学家的个人信仰和经验之中。从实证主义的两大阶段——设问和验证来看，就是指在主观提出问题的限定范围内，客观地验证问题。如果说实证主义是基于二分法的研究，女性主义研究就是一个过程，它呈现在一个流动的续谱之上。尽管如此，雷恩哈兹仍然强调，就女性主义研究而言，如果在研究报告中没有任何研究者的个人经验，就肯定是研究者在隐藏自己，或者没有认知到个人经验的重要性，这样的报告是不完整的或者说在学术上是不真诚的。[1]

（二）局内人（insider）与局外人（outsider）

局内人和局外人与主观性和客观性相对应。一种观点认为，如果某个领域的研究者具备广博的知识，加上其自身经验，这种局内人的位置将比局外人有更大的优势获取信任、分享知识和表达情感。另一种观点则认为：在研究自己熟悉的文化时，研究者要创造一种“熟悉的陌生”感，即塑造一种距离感，从而使研究者本人觉得这一文化环境值得分析，而非将其作为理所当然的社会生活本质不加反思地接受。由此，一个局内人将面临如下困境：研究者是要与自己的研究对象毫无间隙，还是要努力创造一种距离？而局外人也有一个困境：在研究过程中，她们与研究对象从陌生走向熟悉，逐渐成为一个相对的局内人，但同时也削弱了敏锐的感知力。因此，研究者应该持局内人立场还是局外人立场，一直存在激烈争议；而女性主义者倾向于认为，作为局内人，女性是自身生活的最佳描述者。多元文化教育研究者詹姆斯·班克斯（James A. Banks）在研究局内人和局外人问题时提出了下述两个维度：根据研究者的出身及其与所研究社区的关系分为外来者和本地人；根据研究本身所采用的视角分为

---

〔1〕 Reinharz, S. & Davidman, L., “Conclusion”, in Reinharz, S. with the assistance of Davidman, L., *Feminist Methods in Social Research*, New York: Oxford University Press, 1992, p. 263.

局内人和局外人。[1]

依照这两个维度，产生了四种类型（参见表1）。本地的局内人：研究者属于她所研究的领域或社区，而且共享这个领域或社区的主流视角。本地的局外人：研究者属于她所研究的领域或社区，但处于边缘或者持批判态度。外来的局内人：研究者脱离她所属的领域或社区，加入她所研究的领域或社区。外来的局外人：研究者并不属于也并不参与她所研究的领域或社区。

表1　局内人与局外人类型列联表

	本地人	外地人
局内人	本地的局内人	外地的局内人
局外人	本地的局外人	外地的局外人

作为所在研究领域或社区成员的研究者，即本地的局内人，通常可以获得良好的关系，并产生许多可以与他人分享的经验和情感；但在转录访谈资料时，会给属于其他领域的转录者带来麻烦，因为她们缺乏那些可依赖的、未言说的、可分享的理解。另外，作为本地的局内人，她可能不愿意质疑、批判或者调查她们自己所在的领域。要克服这一点可能

〔1〕 Banks, J., "The Lives and Values of Researchers: Implications for Educating Citizens in a Multicultural Society", *Educational Researcher*, 27 (7), October, 1998, pp. 4-17.

需要一种去中心化的经验和认知，比如通过暂时认同其他群体，从而让自己处在本群体的边缘位置。这样一来，通过创造一种熟悉的陌生感，研究者就可以转换至本地的局外人视角。

作为本地的局外人可以较好地保持批判力，但亦有可能受本地社群的排斥，或被排除在核心圈子之外，而只有在核心圈子之内方可分享秘密。不过，正是因为本地的局外人处在边缘位置，反而更可能比较容易与研究领域中的边缘群体建立良好关系。但是，由于人们的生活圈都是多重维度的，所以分享某种边缘性并不能确保可以建立良好的关系，因为可能在其他方面存在更大差异。

这与外来的局内人面临的问题类似。作为外来的局内人，由于一直在自己的社区处于边缘地位，她们会转而采纳所研究社区的视角和观点。对于新社区，作为一个陌生人，她具有旁观者清的优势，但也在进入核心圈和建立信任等方面面临困境。如果只是利用边缘位置寻找与研究对象的共同点，就很难在实践过程中实现自己的目标。毕竟，作为一个外来人，无论你感觉自己与本地人具有多少共同点，都会有你关照不到的地方，而这些反而可能正是本地人最看重的，这就会让你很难融入当地社区。

对于最后一类——外来的局外人而言，她们必然面临理解术语的问题，因为很多情况下她们难以理解自己不熟悉的领域的术语；不过，如果两个人具备某些共同点，即使学科领域不同也有可能建立某种程度的友好关系，因为总有一些理解上的共识。比如一个女性访谈者会认同另一学科领域中被访者的下述看法：少数群体在学术领域中被排除在外。但在班克斯的类型学中，外来的局外人只是为了研究而研究，而不是为了这个社区的利益，必然会导致伦理问题，所以人们很少采用这一立场。女性主义者总是希望自己所做的研究不是单纯为了局外人。

“我们希望我们的工作可以有所不同，特别是在所有领域的女性学术生活中。总之，我们相信，当被访者能够说出痛苦和窘迫的经历时，我们就创造了差异……当然，如果我们与被访者很少有共同点，就仍然需要质疑我们到底会产生多少真正的认同。不是所有访谈中的个人差异都可以超越……我们也无法知道是否被访者有理由压抑他/她所体验到的、他/她认为访谈者不能理解或者不应该私下参与的感受。”〔1〕

上述分析说明，“考虑到本地人和外来人并非相互排斥，采用这四种类型进行分析可能本身就是有局限性的”，比较好的方法是调查者接受多个领域的学术训练，或者进行处于边缘地位的跨学科研究，或者选择与自己相似的领域进行研究。以多伦多大学教育学家桑德拉·阿克（Sandra Acker）的研究经验为例。她本身属于教育领域，她在对教育领域的人进行访谈时发现，无论预想访谈对象与自己有多大差异，

---

〔1〕 Acker, S., “In/Out/Side: Positioning the Researcher in Feminist Qualitative Research”, *Resources for Feminist Research*, 28 (1/2), 2000, p. 201.

她都没有感到担忧，反而比较轻松，因为她/他们总有共同话题。“熟悉的不是那些人的研究细节，而是职业文化的一般线索”。不过，也“可能因为大家同在教育领域，所以有人会把一些认知当成共识而没有讲出来”。相反，阿克的一个同事就在她所住的地区展开调查，调查大多在家庭中进行，并不涉及学科领域之间的异同。建立这种良好关系的基础是相同的人文地理、共同的习语、共享的幽默等。因此，“没有人永远是局内人或者局外人。多元的主观性允许我们同时既是局内人又是局外人，来回转换，当然亦不完全随机，而是以某一因素作为介质”[1]。

总之，局内人和局外人的问题不可能彻底解决，我们应该运用它来反思整个研究工作。对于班克斯划分的四种类型，其用处不在于把每种类型都当作列联表上一个独立的单元格，而是作为一种启发性的指导，将单元格的边界作为通道，允许我们从一个单元格“跨越到”另一单元格。

（三）质性研究（qualitative research）与量化研究（quantitative research）

受科学主义的影响，量化研究方法在学术研究领域一直以来都“很受器重”。科学主义强调知识的可信性、客观性和有效性。如果研究不按照这些原则开展，就会招致批判，

〔1〕 Acker, S., “In/Out/Side: Positioning the Researcher in Feminist Qualitative Research”, *Resources for Feminist Research*, 28 (1/2), 2000, pp. 203-205.

被指存在方法论缺陷，因此不是“真理”，无法揭示事实。不过，量化研究也受到越来越多的质疑：“他们本身有选择地应用一系列策略，比如突出、编辑、删减、转录……”〔1〕而这些在量化资料中突显的观念，其实跟质性资料一样，是由研究者诠释过的观念，而且常常受研究者操控，因此是在假设为完全客观的分析中混入了主观行为。

量化研究多是采用抽样问卷调查得到资料，通过统计分析得到相关结果，主要目的在于以样本特征推论总体，以印证普遍性。目前对量化方法的最大批判是认为它过于简单，不能表现社会议题的复杂性。甚至有观点认为，与其说统计结果是对社会现实的再现，还不如说是对现实的创建……只要统计与对社会建构相分离，它们对于卷入其中的人也就没有了意义。〔2〕

在社会调查中，性别因素往往会作为独立变量，检验某些因素在性别方面是否存在差异，如果有差异就是性别所致，如果无差异并不解释为什么如此；而且，性别总是被假定为二元的男人和女人，而忽略了在性别社会化过程中有差别的性别认同，种族、民族、信仰或者阶级差异，以及女性和男性社会定位的多样性。简言之，当性或者性别应用全球

〔1〕 McRobbie, A., “The politics of feminist research: between talk, text and action”, *Feminist Review*, 12, 1982, p. 51.

〔2〕 Farran, D., Seeking Susan, “Producing statistical information on young peoples leisure”, in Stanley, L. (ed.), *Feminist Praxis*, London: Routledge, 1990, p. 101.

性的二分法时，它们在运用上通常会被视为一种本质主义的方法（就好像这是自然的，而且总是如此）。[1]

另外，问卷调查也过于强调被研究对象的共同特征，按照女性主义的说法，就是无法体现根深蒂固的父权体制的等级特性，总是以男性标准同时对男、女被试者进行界定。但我们会问“她的回答是否适合他的问题”。韦斯特马兰达对“针对男女出租车司机的暴力”的调查，很好地证明了这一点。她询问司机们是否经历过性骚扰（sexual harassment），有一位男司机拒绝回答她的问题，他认为这个问卷是为女性设计的。而韦斯特马兰达的确发现男性司机在工作中也会受到性骚扰，与女性相比只是程度不同而已。此外，被访问者和访问者对所设计的问题在理解上也可能存在差异。比如问卷中使用的“暴力”一词，她在后来的访谈中发现，很多女性认为只有进行身体攻击才算是暴力。[2] 这就牵涉到问卷设计中所用语词的概念界定问题。这些概念由谁来界定呢？研究者的界定是否给调查对象的经验贴上了标签呢？当然，如果采用被研究者的界定，问卷的页码恐怕就要成倍增加了。除了性别之外，文化、阶级、种族都可能造成类似的问题。

---

〔1〕 Lorber, J. & Farrell, S. A., *The Social Construction of Gender*, Newbury Park, California: Sage, 1991, pp. 212-216.

〔2〕 Westmarland, N., “The Quantitative/Qualitative Debate and Feminist Research: A Subjective View of Objectivity”, *Forum Qualitative Sozialforschung/Forum: Qualitative Social Research* [On-line Journal], 2 (1), 2001, http: //qualitative-research. net/fqs/fqs-eng. htm.

当然，亦有很多人支持量化研究，全国性的社会普查数据就需要大型调查问卷的支持，而且量化研究的数据结果可以对政府的政策制定形成一定压力，因为个体问题不足以引起国家的重视，而大量统计数据显示的结果则会促使国家考虑相关问题。比如，在美国，由于很多统计结果显示，性骚扰案件大量上升，就直接促成了反性骚扰法律与公共政策的出台。女性主义研究当然没有必要彻底排斥量化方法，但需要进行不同的设计，避免单纯以性别划线考察两性之间的差异，而尽可能囊括更多因素。女性主义者倾向于以怀疑的眼光来看待态度和行为，依据多个变量探讨多种模式，然后尽量全面地探究社会现象背后的原因，比如教育水平、家族渊源、社会阶级、婚姻状况、孩子的数量和年龄、夫妻的职业等。女性主义者要多方面、多维度地进行研究设计并分析统计结果。

另一方面，实证主义强调客观性和量化的研究方法在受到质疑和批判的同时，亦促进了女性主义对质性研究方法的应用和反思。质性研究方法，常常指参与式观察或者深度访谈。女性主义研究大量采用半结构和无结构式访谈。女性主义者认为，质性研究不仅可以发掘事物表面以下那些需要改变的东西，而且还可以挖掘到促成变革的途径。

最初，为了尽量将质性研究纳入“科学范畴”，质性方法强调，访谈者要精心设计具有一致性的访谈问卷（通常指结构式访谈），从而增进研究结果的可比性；而且，在整个访谈过程中，研究者不要有任何情感的卷入，保持中立身份，围绕问卷所设计的题目，对被访者的回答不抑不扬。如果被访者的回答距离问卷题目越来越远，要适时打断，并将被访者拉回原来设计的访谈框架。但这种一致性原则在实践过程中有时候会很难贯彻。美国口述史先驱查理斯·莫利塞（Charles T. Morrissey）就指出："把访谈简化成一系列技术……就如同把求爱简化成一个公式……过于依赖工具而不相信哪种工具该用在哪种情境中的传统直觉，是危险的……技术和口述史的诸多方面都会由于访谈对象的类型不同而不同……"〔1〕"在访谈中建立的访谈者与被访者的关系，本身就是嵌入某种特定文化实践之中的……"〔2〕比如，在有些文化中你可以问各种问题，但在另一些文化中是忌讳问及某些问题的；西方发展起来的技术是否适用于非西方国家；男人发展出来的语言是否适用于女性被访者……这些问题说明在访谈中不可能有唯一正确的方式。

因此，自20世纪70年代以来，许多研究者指出，访谈应该更像是人们的日常聊天，这一点特别适用于女性受访者，有时甚至需要访谈者与访谈对象分享情感和经验。质性研究方法强调研究者与被研究者的互动，研究过程对二者都会产生影响：研究者要把自己放入研究对象的"鞋子"中，而研究对象则通过意识提升和自我觉醒方式受到影响。

---

〔1〕 Morrissey, C. T., "On Oral History Interviewing", in Perks, R. & Thomson, A. (ed.), *Oral History Reader*, 1970, pp. 107-108.

〔2〕 Thomson, A., "Fifty years on: an international perspective on oral history", *The Journal of American History*, 85 (2), 1998, p. 582.

当然，质性方法也有它自身的问题。比如，局内人和局外人在身份置换上的冲突；研究者面对被研究者时所涉及的伦理上的信任和背叛；研究者以何种方式展现被研究者的信息，可以展现哪些信息，展现多少以及被研究者在研究成果中分享什么利益等。有人还指出，小范围的质性研究甚至比量化方法更有偏见，因为它只能涵盖研究者方便获得的研究对象，而这些研究对象又很可能与研究者在本质上存在共同之处。特别是女性研究经常用到的深入访谈这一质性研究方法，样本量往往都比较小，同质性也很高，会阻碍研究者发掘经验的多样性，这也就是所谓的样本不平衡问题。要解决这个问题，需要在界定理论时尽量涵盖不平等的所有维度，进行更为复杂的研究设计，并针对问题采用多样化的女性群体合作策略。〔1〕

因此，尽管女性主义者认为质性研究方法特别适合女性主义研究，依然有许多人反对这种人为的二元主义，反对质性—量化的划分。现在，很多女性主义者主张融合量化和质性研究，这尤其表现在不同研究者进行合作之际。比如，苏珊·格林哈尔（Susan Greenhalgh）等人在检验中国部分农村不平衡的性别比率时，就结合人口学和民族学方法，探究了

〔1〕 Cannon, L. W., Higginbotham, E. & Leung, M. L. A., "Race and class bias in qualitative research on women", in Judith L. & Susan A. F. (eds.), *The Social Construction of Gender*, Newbury Park, California: Sage, 1991, pp. 237-248.

“女孩越来越少”现象的原因。[1] 总之，“女性主义研究之所以是女性主义的，与其说是因为她们所采用的研究方法，不如说是因为运用该方法的方式，以及用于什么目的”，[2] 这也正是女性主义方法论的实质所在。

“不同的女性主义议题需要不同的研究方法，只要在应用它们时能够采纳女性主义视角，没有‘我们和你们’以及‘量化和质性’的二元分化。没有哪种方法是‘硬的’或者‘软的’，它们只是方法，它们的成功依赖于研究者如何应用它们。女性主义者需要广泛的知识，也需要女性的个体经验。”[3]

上述分析表明，女性主义理论和方法并不是要与一直处于学术主流地位的实证主义对立，女性主义倡导的不是某种单一模式、某个绝对样板，而是希望瓦解二元分化，在二元之间建立桥梁，创造一种续谱状态。她们主张不同学科的融会贯通，正如心理学家卡洛琳·谢里夫（Carolyn Sherif）所

---

〔1〕 Greenhalgh, S. & Li, J., "Engendering Productive Policy and Practice in Peasant China: for a Feminist Demography of Reproduction", *Signs*, 20 (3), 1995, pp. 601-641.

〔2〕 Kelly, L., Regan, L. & Burton, S., "Defending the indefensible? Quantitative methods and feminist research", in Hinds, H., Phoenix, A. & Stacey, J. (ed.), *Working out: New Directions in Women's Studies*, Lewes: The Flamer Press, 1992, p. 150.

〔3〕 Westmarland, N., "The Quantitative/Qualitative Debate and Feminist Research: A Subjective View of Objectivity", *Forum Qualitative Sozialforschung/Forum: Qualitative Social Research* [On-line Journal], 2 (1), 2001, http://qualitative-research.net/fqs/fqs-eng.htm.

说，女性主义方法论一出生就是跨学科的，当我们“认识到需要进行跨学科调查，并在研究人的经验和行为的特殊问题时，调和来自历史、社会文化、政治、经济、社会心理学和生物心理学的分析结果”，我们就是在应用“女性主义方法论”。不过，女性主义研究是否总是跨学科的并非重点所在，重点在于女性主义研究与跨学科之间的亲和性。女性主义者作为“连接性的知者”，生活于两个世界之中，并发现了沟通与融合不同学科的进路。[1]

很多女性主义研究者常常听从于多学科的指导，采用多学科的方法，比如一些女性主义社会学家一直致力于文学批评、哲学和法律研究工作。雷恩哈兹也强调女性主义主张应用方法的多元性，倡导不同方法之间互相取长补短。社会研究中存在许多女性主义声音，因此女性主义的研究方式不可能只有一种。在女性主义研究中，没有方法上的精英主义或者方法上正确与否的界定，有的只是众多个人的创造力和多样性。女性主义研究更像一只变形虫，可以在任何方向上到达任何地方，可以进入所有学科、应用所有方法，有时是一种单一的方法，有时是多种方法的结合。女性主义本身就在各个学科中运作，并可以运用各种方法，它一直在竭力扩展而非限制女性主义研究。正是这种强调包容而非正统的多元性，为创造力的发挥留足了空间。

---

〔1〕 Reinharz, S. & Davidman, L., "Conclusion", in Reinharz, S. with the assistance of Davidman, L., *Feminist Methods in Social Research*, New York: Oxford University Press, 1992, pp. 250-252.

在女性主义运动中，女性主义认识论与方法论的典型体现就是，“个人的即政治的”这一实践观的兴起。

三、女性主义的实践观

从古希腊神话开始，直至女性主义运动光芒初现，女性在西方政治思潮中的角色几经蜕变，但却从未脱离公共与私人领域的二分法。尽管苏格拉底在《理想国》中主张女人和男人一样都有统治者的天赋，〔1〕喜剧家阿里斯托芬在《妇女大会》中更是让女人们女扮男装夺取政权将男人逐出了城邦，〔2〕但在现实世界里，公共领域始终是男性的政治竞技场，女性被拒之门外，几乎与之绝缘。政治是外面的世界，女性只属于家庭这个非政治的私人领域。〔3〕“男外女内”成为塑造女性与政治之间关系的思想主线。

在不少哲学家、政治学家、经济学家和教育家眼中，女性要么缺乏参与公共生活的理性和能力，要么需要被锻造成跟男性一样的“人”方可进入公共生活。前者如亚里士多德把女人限定在家庭之中，妻子要服从丈夫，妻子与丈夫这种

---

〔1〕［古希腊］柏拉图：《理想国》，郭斌和、张竹明译，商务印书馆2007年版，第177—227页。

〔2〕［古希腊］阿里斯托芬：《阿里斯托芬喜剧集》，罗念生等译，人民文学出版社1954年版。

〔3〕［美］让·埃尔斯坦：《公共的男人，私人的女人：社会和政治思想中的女性》，葛耘娜、陈雪飞译，生活·读书·新知三联书店2019年版。

次等与优等的关系是自然的。洛克与罗素与之一脉相承，他们都认为家庭是女性的“宿命”，是女性参与公共政治难以逾越的樊篱，因为她们依赖自己的丈夫，并非独立的个体，因此缺乏辨识公意（general will）的能力。卢梭进而主张按照其自然特质来教育女性，使之承担起教育政治社会好公民的责任。〔1〕托克维尔将教育美国合格公民的责任寄托在母亲身上，显然也是受卢梭影响。〔2〕后者如柏拉图建议改造女性，消除女性的性别特质，让她们成为和男性一样理性的人，这样她们才能成为统治者。女权主义先驱沃斯通克拉夫特虽然强烈批判父权文化，但也把希望寄托于按照男性的标准教育女性。〔3〕约翰·密尔则从实用主义出发，提倡将女性引入公共领域，以启发她们高贵的旨趣，但这又完全是以男性为标准的，密尔所追求的性别平等是消除了女性的性别特质的平等。〔4〕因《第二性》成为第二次世界大战后女性主义代表人物的波伏娃，同样认为女性主体必须脱离其女性身份，成为男性或男人才是文明化的必由之路。

有鉴于此，19世纪以降，为了彰显女性角色、女性经验和女性叙事的重要性，女性主义以批判者乃至颠覆者的形象

---

〔1〕［法］卢梭：《爱弥儿》，李平沤译，商务印书馆1978年版。

〔2〕［法］托克维尔：《论美国的民主》，董果良译，商务印书馆1989年版。

〔3〕［英］玛丽·沃斯通克拉夫特：《女权辩护》，王蓁译，商务印书馆1995年版。

〔4〕Diana H. Coole, *Women in Political Theory—from Ancient Misogyny to Contemporary Feminism*, Sussex: Wheatsheaf Books LTD, 1988, pp. 29-48, 133-153.

擎起了女权大旗，发起了一场场波澜壮阔、此起彼伏的女性政治运动。女性主义以独特的女性视角，批判政治领域中女性的“不在场”，批判父权制国家对女性的压迫，并重新审思政治理论，重构女性得以影响政治的政治空间和实践方式。女性主义政治更重视“地方性”而非“中央性”的空间和实践，因为“地方性”允许女性以更个人化的方式参与直接影响其生活的居住、教育、健康、交通等公共事务，还让女性得以在具有“全国性”的“地方性”事务上对国家政策发挥有组织的政治影响力。从这里开始，20 世纪六七十年代的第二波女性主义运动吹响了“个人的即政治的”号角。

（一）理论与实践

“个人的即政治的”（Personal is Political），也被称为“私人的即政治的”（Private is political），意指女性的个人经验是政治实践的基础，个人经验的“小问题”也是系统性的“大问题”。最初，“个人的即政治的”是跟意识觉醒（consciousness-raising）这种个体化思想实验联系在一起的，意识觉醒旨在通过讨论个体的感受、需求和愿望，把每个人的个体经验组织起来，既构造一种理论方案，也形成一套行动方案，从而实现个体事务的政治化。在历史长河中，性别关系一直是等级制的，以控制和屈从为主要形式。一旦处于屈从位置上的女性们的个体表达，通过意识觉醒变成一种集体表达，性别作为一种地位范畴就醒目地凸显出来，它标示着全体人口的一半对另一半人的支配，父权制因此被视为“最典型”的社会政治制度，而这一制度恰恰建基于原本具有最亲密关系的家庭成员之间的权力关系之上。在“个人的即政治的”这一观念出现之前，女性主义从未主张过个人的困苦可以通过个体的行动加以改善。18 世纪末 19 世纪初，以自由主义女性主义为代表的第一波女性主义运动，旨在通过推动法律的变革，赋予女性在受教育、参政等方面与男性同等的权利，鼓励女性走出家庭到社会中实现自己的价值。但令人遗憾的是，选举权的获得并没有改变女性的屈从地位，于是提升女性自身经验的价值成为第二波女性主义运动的核心关切，其有力的思想和行动武器就是“个人的即政治的”，它令女性主义不再将政治限定在公共空间，而是将其延伸至家庭内部，将私人场域视为既能行使又能挑战权力的舞台，将改变家庭处境和地位视为与进入公共生活相同的女性获取自由的方式，〔1〕甚至将异性恋和母职都视为社会政治制度的一部分。〔2〕简言之，“个人的即政治的”试图从个人经验出发，赋予女性全新的集体效能感和政治权力感。正如罗斯玛丽·童（Rosemarie Tong）所言，自由主义女性主义希望通过改良赋予女性权力，而激进女性主义则是希望通过变

〔1〕 Valerie Bryson, *Feminist Political Theory*, London: The Macmillan Press LTD, 1992, p. 44.

〔2〕［美］艾德丽安·里奇：《女人所生：作为体验与成规的母性》，毛路、毛喻原译，重庆出版社 2008 年版。

革解放女性思想。[1]

作为一个明确的口号，“个人的即政治的”最早出自美国激进女性主义的领导者卡罗尔·汉尼斯（Carol Hanisch）[2] 在1970年的同名文章。[3] 不过，作为一种思想观念，它广泛存在于第二波女性主义运动之前的女性主义实践之中。这是因为，“个人的即政治的”继承了女性主义挑战男性话语霸权的思想传统，但又提出了不同于第一波女性主义的新思想，反对沿着政治与家庭、“公共”与“私人”的分界线将男性与女性对立起来，反对将女性走出家庭作为其参与政治的唯一方式。

很明显，这需要重新审视并定义“政治”这个元概念。作为一种思想范式，“个人的即政治的”将政治这个元概念视为“先验”建构的产物，认为其过于狭窄，仅限于特定政治体系及其运行机制，比如美国的总统选举、政党竞争、竞选捐助、政策辩论和志愿者组织等。因此，第二波女性主义的代表人物凯特·米利特（Kate Millett）援引米歇尔·福柯对权力的扩张解释，将权力视为无时无刻无处不在的结构性

---

〔1〕［美］罗斯玛丽·帕特南·童：《女性主义思潮导论》，艾晓明译，华中师范大学出版社2002年版，第26页。

〔2〕卡罗尔·汉尼斯在2012年表示她的这一观点深受毛泽东思想的影响，参见Hathaway, Michael J.,“China's Forgotten Role in Western Second-Wave Feminism”, Asia Global Online Journal, 2018。

〔3〕Carol Hanisch,“The Personal is Political”, in Shulasmith Firestone and Anne Koedt (eds.), *Notes from the Second Year*: *Women's Liberation*, New York: Radical Feminism, 1970.

互动关系和机制，把政治界定为权力结构关系，即一个群体对另一个群体的控制，并将其应用于男女之间的关系。[1]在此基础上，“个人的即政治的”彻底改变了政治的传统定义。

“个人的即政治的”通过个体化对政治进行了根本性的重构。首先，它将家庭和性别身份而非国家政府视为权力关系的基本场域。这就是说，政治关乎每个人的生活，不是那些有政治抱负、参与政治竞争者的禁脔。换言之，每个人的生活方式，与议会辩论或国家行动一样，都是政治事件，谁养孩子、做家务都变成了政治议题，没有什么事务不蕴含着某种权力关系，政治的范围由此大大扩展，不再局限于公共领域。其次，它把男性在整体上视为一个竞逐权力的阶级，就像一个经济社会意义上的阶级那样。再次，它的矛主要指向心理-文化领域，强调个体的意识觉醒过程。这种通过个体化重构的政治，其实践形式也与传统不同。如果个人的就是政治的，那么政治的也就是个人的，女性主义因此将焦点从国家政治移开，转向个人的、松散的、平等的组织。当然，这并不意味着女性主义拒绝公共生活，她们只是认为真正具有公共性的生活，应该是一个理性讨论的场域，应该践行参与式的草根民主。

这种个体化的政治主张在个人层面挑战父权制下的权力

---

〔1〕［美］凯特·米利特：《性的政治》，钟良明译，社会科学文献出版社1999年版。

结构，通过关注个体生活，谋求女性主义者可以安全介入的新政治形式。这可以说是“个人的即政治的”之于西方现代政治思潮的独特贡献。女性主义借用了费尔默（Robert Filmer）的父权制概念，并大大拓展了其分析范围，将其从君主制、家长制延伸至男权制，这就把过去被视为性别压迫的分散部件整合起来，串起了男性凌驾女性的社会化过程。在米利特看来，这个父权的社会化过程，意味着通过每个孩子经由他们的家庭及其所属的父权制而习得的一整套文化价值观念的内化。女性臣服于男性，这一最基本的权力关系，贯穿于不同时期的各种文化和生产模式之中，通过神话、宗教、心理学和教育得以加强，获得来自家庭、国家、经济和暴力的支持，并且成为超越种族和阶级差异的意识形态。社会学家皮埃尔·布迪厄在《男性统治》中将这种父权制的社会化过程概括为“符号暴力”。[1] 在他看来，符号暴力源于女性对男性优先权的同意。这是因为，男性相对于女性的优先权是先验的，这种权力关系塑造了全体社会成员的认知、思想和行动模式，女性也只能使用这些模式去理解和处理一切现实关系，尤其是她们被困在其中的权力关系。由此可见，她们的认知行为不过是实际的确认行为，这在某种程度上“制造”了女性所遭受的象征暴力。象征暴力通过“同意”建立起来，而被统治者不得不赞同统治者，这是因

---

〔1〕［法］皮埃尔·布尔迪厄：《男性统治》，刘晖译，海天出版社2002年版，第43—46页。

为，被统治者为了思考自己与统治者的关系，只能使用与统治者相同的认识工具，但正是这些工具赋予了这种关系正当性。

通过个体化政治对父权制的强烈挑战，“个人的即政治的”真正成为一种思考方式。按照这种思考方式，父权制观念是一种被内化了的超越性意识形态，它根深蒂固，无处不在，深入到人们的无意识之中，人们在日常的语言和实践互动中不断将它重新构建出来。由于父权制的触角渗透进了日常生活的方方面面，只有个体化政治可以灵活自由地从各个层面对其发起挑战：在政策场域，反对国家话语潜在的性别主义；在知识领域，反对父权制的表达模式；在家庭内部，反对父权和夫权的专断控制；在工作场所，反对一切形式的歧视和暴力。这些都是女性主义需要直面的重要议题。

由此一来，政治的边境线就向前大大推进了，政治的问题域也极大地拓宽了，政治的画卷延伸开来，具有了更大的包容性，从平权法、女性保护法、劳动领域的机会平等等方面的国家法律政策变革，到工作场所的雇佣、性骚扰和女性对工会的参与，到学校的教学目标、教学内容、课程设置，再到家庭的婚姻、离婚、子女养育、财产分割，以及婚外生育、单身母亲、同性恋等这些在第一波女性主义者看来更属于“私”领域的议题，都越来越成为公共事务，越来越可能衍生为公共事件。[1]“性别政治”因此成为女性主义者突破传统禁锢、切入公共政治的有力武器，形成了晚近五十年来理论走进现实的一大思想景观。

作为一种理论范式，“个人的即政治的”的现实价值主要体现在如下三种实践形式[2]。其一，意识觉醒小组(Consciousness-Raising Group)，这种发端于早期女性解放运动的形式影响最大、传播最广，也是20世纪70年代西方女性解放运动的主要形式，尽管只是一部分人的联合，但经常涉及公共政治。意识觉醒小组旨在重构女性气质，主要方式有二。一是讨论和重新评估历史上和当下的女性经验。这意味着女性不再遵循预设的逻辑来面对日常生活，而是运用“他者的存在”视角，来思考每一天与男人、孩子和其他女性的关系，促使人们关注家务、着装和语言习惯等通常被忽略的领域，系统地揭示不同生活场域的压抑感，反思对女性气质的传统界定。二是重建女性生活的意义之网。这是指意识觉醒小组不仅仅是一个供人们谈论家庭、性关系、子女抚育和公共政治事务的论坛，也是参与者的友谊之网，让大家可以一起工作、休闲、娱乐、互助，从而为女性创造个体生活的意义感和女性主义的共同体感。意识觉醒小组的优势在于，参与者彼此平等地分享经验，这或许有助于她们处理好家庭、工作和性关系，而且门槛低、弹性大、容易开展，不

〔1〕 R. W. Connell, *Gender and power: society, the person and sexual politics*, Stanford, California: University Press, 1987, pp. 260-262.

〔2〕［法］皮埃尔·布尔迪厄：《男性统治》，第234—236页。

同于传统的政党政治或心理治疗。不过，它的缺陷也很明显，它更善于处理大家的共同问题，对有分歧的问题往往束手无策。

其二，将意识觉醒小组的经验适用于男性群体的“男性小组”。这种形式常见于20世纪70年代反对性别歧视的男性运动，有些还持续活跃至今。“男性小组”的主要议题包括认识和反思参与者的大男子主义态度和行为、讨论自身的男子气概如何在成长过程中形成、如何限定其情感表达、如何为彼此提供情感支持等。但由于往往涉及参与者的负罪感和挫败感，“男性小组”较难开展活动。因此，在后期的实践中，男性小组就从对“男性气质的治疗”转向了对男子气概的鼓吹。

其三，同性恋等反传统价值观的“出柜”行动。在20世纪60年代末的早期同性恋政治中，行动策略主要是谋求社会包容和法律变革，“出柜”行为都很低调，甚至遮遮掩掩。在后来的同性恋解放运动中，一些同性恋的公开庆祝活动试图建构“同性恋自豪”的公共意识。于两性而言，同性恋都意味着抛弃传统的“性特征中心主义”，不过这将意味着什么新的特质呢？一种观点认为同性恋群体中的男人是女性化的，另一种观念认为同性恋必然以变性为基础。因此，到了20世纪70年代，同性恋群体中的男性就希望通过界定同性恋的男性气质来反其道而行之，比如留起可见的胡须，穿T恤和紧身牛仔裤，来显示他们的男性身躯。但这又导致了男同性恋者与女同性恋者之间的紧张关系，后者认为前者是在主张男性气质的传统特权。事实上，只要整个人类社会的延续仍然是以异性恋的婚姻家庭为前提的，同性恋者就不可能随心所欲地忽视男女性别气质的差异。

概言之，这些实践形式效果参差不齐，大多毁誉参半，但展现了通过人格的自助式重构来展开的个体化政治，并且从涓涓细流汇成了当代西方政治思潮中的一个不容忽视的支流。晚近五十年来，“个人的即政治的”建基于对第一波女性主义过于仰赖“男女平权”思想与行动的反思，不仅成为女性主义内部不同流派的思维方式，而且将女性视角嵌入了欧美国家的社会价值观念形塑过程，还成为其政治、法律和政策斗争的一大焦点。

（二）挑战与困境

尽管如此，“个人的即政治的”并非磐石一块，它不仅受到来自西方国家的有色人种和第三世界女性主义者的思想挑战，也面临个体化的“女性议题”难以在国家或国际层面实现政治化的现实困境。

著名黑人女性主义者贝尔·胡克斯（Bell Hooks）认为，由于人们常常把“个人的”转译成私人的、自恋的，“个人即政治的”及其意识觉醒的实践方法具有内在的风险。在白人至上主义和资本主义的父权体制下，那些以自身作为政治化起点的女性就会认为，只有她们自身，也就是她们的身体，才是真正紧要的。因此，美国的早期女性主义运动只是白人中产阶级的事情，白人中产阶级女性的话语霸权也一直主导着后来的女性主义运动。

美国白人女性的这种优越感，迫使有色人种的女性转而从自身的社群内部汲取力量。有色人种的女性往往经受着双重压迫。她们既和本种族的男性一样承受着来自社会政治层面的种族主义、种族歧视和种族隔离的压迫，又受到本族内部的性别歧视的抑制。这种双重压迫感及其导致的冲突矛盾，改变了少数族裔女性运动的目标。因此，胡克斯指出，对于"个人的即政治的"而言，政治化就意味着要把每个人的个体经验与对具体物质现实的批判性理解结合起来。[1]"公私二分法"这个女性主义的敏感话题就是这样。对于白人中产阶级而言，公私二分意味着人们常常低估女性在家庭中的工作，高估男性在公共领域中的工作。白人女性通过反省自身的生活，获得关于性别压迫的政治意识，意识到自己的家庭议题无法通过政治力量来解决，所以提出"个人的即政治的"，反对只把政治限定在公共领域。与之相反，有色人种的女性恰恰意识到并坚持主张"公共的才是个人的"。国家武装起大量的有色人种到海外作战，司法又把大量的有色人种投入监狱，有色人种成了廉价的炮灰和可恶的罪犯，成了系统性、结构性的社会压迫的囚徒，根本没有对于有色人种而言的私人领域。

不同的社会地位和政治基础，导致有色人种的女性和白

---

〔1〕 Bell Hooks, *Talking Back*: *Thinking Feminist*, *Thinking Black*, Boston: South End Press, 1989, p. 105.

人女性的焦点差异。白人女性主义关注家务的平等分工，寻求将私人领域的议题放入公共舞台；而有色人种的女性主义则关注种族主义、教育隔离、社会歧视、经济不公等公共议题。白人女性关注政治化的个人，她们关于性别压迫的政治意识源于对与作为权力中心的白人男性朝夕相处的省思，她们的生活围绕着权力中心展开，她们在与权力中心的互动中变得消极、驯服，她们经历着一种个体化和内化的社会控制，白人女性因此将女性主义作为克服人际压迫的治疗方法。而有色人种的女性主义者往往被排斥在权力中心之外，承受着间接的、非个体化的社会控制。因此，她们需要的不是特殊的文化或心理治疗，而是民族和种族的政治解放运动，她们强烈反对作为治疗方法的女性主义，因为后者将社会问题的根源归咎于个人的心理压力，从而导致“去政治化”的个体化。[1] 此外，“个人的即政治的”亦无法调和无产阶级与资产阶级女性主义者的不同诉求，这一主张更像是资产阶级和中产阶级女性主义的专利。简言之，“个人的即政治的”，对白人女性而言，这是个性别问题；对有色人种的女性而言，这仍然是阶级问题，而且常常被表达和处理成种族问题。双方在女性主义运动中常常因为立场与资源差异而龃龉不断，而“个人的即政治的”往往会进一步激化这

〔1〕 Aida Hurtado, “Relating to Privilege: Seduction and Rejection in the Subordination of White Women and Women of Color”, in Herrman, Ann and Steward, Abigail (eds.), *Theorizing Feminism: Parallel Trends in the Humanities and Social Sciences*, Boulder: Westview Press, 1994, pp. 136-154.

种矛盾。20 世纪 90 年代以来，这也埋下了以后现代女性主义思潮为代表的、解构男女二元对立、强调身份认同的多重性与多元性的第三波女性主义的种子。

更堪忧的是，“个人的即政治的”还可能放大女性之间的各种差异，进而更难形成某种女性主义的集体共识。这一理念原本希望通过女性基于自身经验的自我叙事，来谋求女性主义的集体共识和集体行动，进而影响政治，但个体化的叙事导向往往只是催生了“五花八门”的女性议题，“百花齐放”变成了个人化的语气、描述和“自怨情结”的一再重复，这就更加难以将某种版本的女性主义政治与复杂多样的现实生活结合起来。[1] 一场旨在推动社会变革的政治运动，关键在于团结一致，只有集体的力量方能推进，孤力难支也注定难有所成。

由于无法整合各个维度的女性主义者的不同诉求，“个人的即政治的”显得非常脆弱。在女性解放运动中，它的确创建了具有鲜明的女性主义思想特色的社会资本和组织网络，比如期刊、女性中心等，获得了令人瞩目的政治资源，赢得了成千上万女性的追随，社会声誉也不断提高。不过，这一运动发展到 20 世纪 70 年代上半期就不再一帆风顺了，其现实困境的肇因是多方面的。经济萧条导致政府减少福利支出，支持女性主义的福利和教育项目陷入资金困难，这也

---

〔1〕 Ann Braithwaite, “The Personal, The Political, Third-Wave and Post feminisms”, *Feminist Theory*, 3 (3), 2002, pp. 335-344.

导致大量年轻一代女性的失业。同时，右翼也开始发动反对女性主义的行动，比如反对堕胎、反对机会平等法案等。在这样的大背景下，不同政见之间的裂隙开始拉大，各种女性主义流派之间的政治资源和权力斗争加剧。20 世纪 80 年代以来，随着“以女性为中心”的文化女性主义和注重分离主义的激进女性主义主导了女性解放运动，其他群体就更加难以接近女性运动所创造的政治资源。〔1〕概言之，“个人的即政治的”所代表的女性主义运动在国家政治层面遇到了外部发展的瓶颈，并陷入内部资源争夺的虚耗。

不仅仅是在国家政治层面，在国际政治层面，“个人的即政治的”也处境尴尬。人们很容易把它等同于“女性议题”而非“政治问题”，从而将其拒之门外。在 1975 年至 1983 年的历次世界妇女大会上，发达国家的妇女和发展中国家的妇女都遇到了这类问题。政治问题占据中心，妇女问题被挤到边缘，无足轻重。在哥本哈根会议上，“犹太复国主义”、“种族歧视”和“西方帝国主义”之类问题往往引起激烈争论和高度关注，而大多数国家的妇女基本权利和社会地位问题很少受到重视。在墨西哥城举办的世界妇女大会、内罗毕世界妇女大会及其相应的“85 论坛”（Froum'85 Nairobi）上，类似问题也屡见不鲜。〔2〕因此，“个人的即政治

〔1〕 R. W. Connell, *Gender and Power*: *Society*, *the Person and Sexual Politics*, Stanford, California: University Press, 1987, pp. 266–275.

〔2〕［美］罗斯玛丽·帕特南·童：《女性主义思潮导论》，第 336 页。

的”在多大程度上推进了人们对性别与政治之间的关系的认知，依然有待确证。

总之，“个人的即政治的”的确赋予了女性更大的空间、更多的声音、更多的渠道来参与政治，也促使女性和男性反思彼此之间的关系。但它如果缺乏外部环境支持和内部资源整合，就难以形成一股重要的社会政治力量，这导致女性主义在国家政策和国家话语面前仍比较脆弱，在拓展公共领域话语权上举步维艰，其个人化和地方化的主张也很容易为共同体的分裂埋下伏笔。

（三）影响与启示

尽管作为一种思想方案，“个人的即政治的”中的“白人中产阶级化”受到有色人种和发展中国家女性主义的有力挑战；作为一种行动方案，它在现实中遇到了来自外部环境和内部资源的不利因素的双重制约，但是，作为一种研究范式、思考方式，“个人的即政治的”并不仅仅是激进主义女性主义的思想核心，也促使社会主义女性主义、自由主义女性主义等不同的女性主义思想流派调整焦点，[1] 强调个人生活和家庭领域对于女性突破公私分野、重构自我的重要意义。同时，“个人的即政治的”所激发的重视个人经验的理念，弥散在社会科学研究的诸多领域，对人们理解和改善自

---

〔1〕 Valerie Bryson, *Feminist Political Theory*, Houndsmill: The Macmillan Press LTD, 1992, pp. 262-263.

身的处境有着丰富的启示。

最显而易见的是对“参与式行动研究”（Participatory Action Research）兴起的影响。参与式行动研究注重以经验和社会历史为基础的集体探索和实验，反对实证主义者强调研究者价值无涉的客观立场，认为研究者应该带着主体意识参与到研究之中，将行动与研究结合起来，通过批判性的反思来创造新的知识。正如批判教育理论家保罗·弗莱雷（Paulo Freire）所言，行动与反思不可分割，没有行动的反思是纯粹的口头主义或坐而论道，没有反思的行动纯粹是为行动而行动，一旦行动和反思同时进行，它们就可能具有相互启发的创造性。[1] 参与式行动研究的兴起得益于跨学科的发展，它汲取了社会学、政治经济学、发展社会学、批判心理学、女性主义研究等学科的思想资源，对教育、扶贫、公共卫生、社区发展、公民参与等领域影响很大。参与式行动研究强调“从个人经验出发关注实践，继而走向社会理论化”，这与“个人的即政治的”异曲同工。二者都认为，研究者应该通过对自身日常生活的考察和集体的反思过程，将个人经验确定为共享的、社会的进而确定为政治的。[2] 在美国地

---

〔1〕 Freire Paulo, *Education*: *The Practice of Freedom*, London: Writers and Readers Publishing Cooperative, 1976, p. 149.

〔2〕 Michelle Fine et al., "Participatory Action Research: from within and beyond Prison Bars", in Paul Mark Camic, Jean E. Rhodes & Lucy Yardley (eds.), *Qualitative Research in Psychology*: *Expanding Perspective in Methodology and Design*, Washington, DC: American Psychology Association, 2001.

理学家吉布森·格雷汉姆（Gibson Graham）看来，[1] 参与式行动研究的重心不是“解放”而是创造新的话语，从而使主体以新的形式获得力量。这种旨在改造政治根基的研究范式，与女性主义一样，都从个人经验切入，去理解社会空间关系，培育新的存在方式，创造新的话语叙事。

英国社会学家安东尼·吉登斯则把这种理念应用到他对“生活政治”的阐释中。“生活政治”是吉登斯针对“解放政治”提出的新政治图景。解放政治是一种生活机会的政治，旨在将人们从不平等、剥削、压迫或奴役中解放出来，即一种“免于XX的自由”，表现为人类征服自然、消解传统，以及追求自由、解放与进步。解放政治的发展促进了现代性的全球化，并最终导致现代性超出人类的可控范围，将人类带入泥沼。[2] 吉登斯因此在20世纪90年代提出“生活政治”作为补充方案，旨在解决现代性带来的问题。“生活政治”是一种选择何种生活方式的政治，即一种“获得XX的自由”，深受20世纪70年代女性主义“个人的即政治的”思潮的影响，它始于人们对全球化影响的自我反思，希望在全球化背景下探寻既能促进自我实现又在道德上无可厚

〔1〕 J. K. Gibson-Graham, “Beyond Global vs. Local: Economic Politics Outside the Binary Frame”, in Andy Herod & Melissa Wright (eds.), *Geographies of Power: Placing Scale*, Oxford: Blackwell, 2002, pp. 36, 53.

〔2〕 胡颖峰：《吉登斯现代性思想研究》，中央编译出版社2011年版，第28—29页。

非的生活方式。[1] 吉登斯试图用“生活政治”来避免现代性的宏大叙事，摒弃工具理性的思维方式和功利主义的价值态度，把个体生活方式的选择、自我认同、身体、性等微观层面，与国家权力、制度、阶级等宏观层面结合起来。这种将宏观与微观相结合的思路显然也是女性主义者应该具备的。

而在国际政治领域，国际政治社会学则将“个人的即政治的”发展成“个人的即国际的”。国际政治社会学源于20世纪90年代的欧洲安全研究，注重运用跨学科交叉视角来理解影响欧洲和全球未来发展的非传统和传统议题。国际政治社会学认为，越来越多的国际问题、全球议题超出了当代国际关系学的解释力，希望从社会学、女性主义理论、历史社会学、安全研究、国际法学、国际政治理论、世界社会等学科领域中，寻找新灵感、新理论、新视角、新范式、新议程。[2] 其中，“个人的即政治的”被视为重要的思想资源之一，国际政治社会学因此将“作为日常生活实践的政治”作为一大重心，强调政治源于人们的日常实践，内在于社会的每个因素，个人经验与社会政治结构之间存在紧密的联系。因此，国际政治社会学主张以批判的眼光，用深描的方

---

〔1〕 Anthony Giddens, *Consequences of Modernity*, Cambridge: Polity Press, 1990, pp. 155-157.

〔2〕 Xavier Guillaume and Pinar Bilgin, *Routledge Handbook of International Political Sociology*, London and New York: Routledge, 2017.

法，探究“小”如何构造“大”、“大”如何被铭刻进“小”，[1] 从而在阐释全球政治的“大”与个体生活、案例叙事、技术细节的“小”之间，建立起复杂多元并且情境化的相互联系。[2] “个人的即政治的”尤其受到女性主义国际关系学者的重视。辛西娅·安罗（Cynthia Enloe）由此全面探讨了在国际体系中维持特定的权威配置所需要的各种性别和权力关系。[3] 而克瑞斯汀·丝维斯特（Christine Sylvester）则主张应该重视国际关系的日常实践而不仅仅是传统的政治实践，比如关注通过边境、围墙、海底电缆、网线以及各国移民和海关警察所建立起来的联系，这可以揭示权力、权威、正当性和政治活动的丰富多样性。[4] 2007 年 8 月，在瑞士生活了 15 年的犹太裔俄罗斯艺术家玛丽娜·贝卢布洛娃贾（Marina Belo-brovaja）因其居留卡和驾照即将到期，她面临可能不得不离开瑞士的窘境，于是她在苏黎世的市政广场策划了“驱逐出境”（Die Abschiebung）的剧场

---

〔1〕 Donald MacKenzie, “Opening the Black Boxes of Global Finance”, *Review of International Political Economy*, 12 (4), 2005, pp. 555-576.

〔2〕 Marieke de Goede, “Afterword: transversal politics”, in Xavier Guillaume & Pinar Bilgin (eds.), *Routledge Handbook of International Political Sociology*, London and New York: Routledge, 2017, p. 356.

〔3〕 Cynthia Enloe, *The Curious Feminist: Searching for Women in a New Age of Empire*, Berkeley: University of California Press, 2004; *Globalization and Militarism: Feminist Make the Links*, Lanham, MD: Rowman and Little field, 2007; *Seriously! Investigating Crashes and Crises as if Women Mattered*, Berkeley: University of California Press, 2013.

〔4〕 Christine Sylvester, *Feminist Theory and International Relations in a Postmodern Era*, Cambridge: Cambridge University Press, 1994, p. 219.

型行为艺术，亲身实践了“个人的即政治的”，在瑞士和德国引起很大争议，激发了人们对人权与主权、一体化与公民身份、政治边界与道德考量之间关系的深入思考。〔1〕

“个人的即政治的”体现了女性主义认识论与方法论的精髓，在身份政治、文化政治意义上影响了晚近五十余年来西方世界的社会与政治进程。作为女性主义在个人层面上对父权制的批判，它在性别、家庭和政治领域中坚持平等意识，激发了女性在整体上作为一个被压迫者灵魂深处的“革命”，为之描绘了一幅全新的政治画面，提供了新的思考方式、反思方式、赋权方式、表达机会和参与渠道，进而冲击着无处不在的父权制结构，冲击着不公平、不公正的经济、社会和政治制度。不过，这种“游击战”的优势也可能成为“个人的即政治的”致命弱点。在个人主义和多元主义的利益集团激烈竞争的政治环境中，当成千上万的女性有成百上千个关注点的时候，她们不是变得更加强大，反倒变得脆弱，更容易被某个保守思想的回潮冲垮。如果缺乏凝聚集体共识的政治能力，如果没有足够的政治资源，如果动员不了社会大众的支持，这些看似丰富多样的力量不仅可能无法真正在政治生活中赢得话语权，还可能被种族、阶级和文化等困境进一步撕裂。正如马克思主义女性主义所批判的，女性若想获得彻底的解放，个体必然孤掌难鸣，只有真正联合起

〔1〕 案例参见严展宇：《国际关系研究的艺术转向：内涵、意义及其限度》，载《国际政治研究》2020年第5期，第95页。

来，才能对抗不合理的结构或制度藩篱。尽管如此，作为一种思想方式，“个人的即政治的”的丰富想象力和反思性，为形形色色的失语者提供了一种反思自身、阐发自我的新视角，启发着人们想象和建构一种更合理、更平等、更公正的家庭与政治生活。

全球意识形态地理：社会结构与文化政治

社会结构决定文化政治，塑造着全球意识形态的地理分布，当代美国即为一个明证。1883 年，《泰晤士报》这样评价已去世两年的英国保守党首相本杰明·迪斯雷利（Benjamin Disraeli）：他和别的保守党领导人不同，他愿意信任并走近人民，他相信不同阶层的英国人——无论是富可敌国的上层人，抑或收入微薄的普通人——都有保守的本能。这位成熟老练的政治家看待工人阶级的方式，就像米开朗基罗这种技艺超群的雕刻家，看见了“困在大理石中的天使”。

在当代美国，谁是“天使”，什么是困住他们的大理石，谁又是雕刻家，这可以说是美国耶鲁大学政治学教授雅各布·哈克、加利福尼亚大学伯克利分校政治学教授保罗·皮尔森在写作《推特治国》[1] 时念念不忘的三大问题。在他们看来，在大众民主时代，保守派既要抓住作为核心选民的上层经济精英的资金和资源，又要抓住作为边缘选民但数量

---

〔1〕［美］雅各布·哈克、［美］保罗·皮尔森：《推特治国：美国的财阀统治与极端不平等》，法意译，当代世界出版社 2020 年版。

日增的下层大众的支持和选票，但二者的意志和利益恰恰南辕北辙，经济越不平等，经济精英的权力就越大，就越难摆脱这种困境。谁能解救“困在大理石中的天使”，换句话说，谁能在这种结构困境中凝聚大众，谁就能在政坛上立于不败之地。

保守派困境普遍存在于代议制国家。19 世纪中叶，面对风起云涌的工人运动和下层反抗，迪斯雷利领导英国保守党走出了困境，建立了一个深入基层社区的强大网络，打造了囊括上、中、下三层的樱草联盟，因此成为英国政坛的常青树。20 世纪初的德国保守党即德意志民族人民党却失败了，因为它对独掌统治权信心满满，对大众的力量不屑一顾，因而在日益剧烈的竞争和压力面前惊慌失措，却不扩大政纲的包容性、谋求大众忠诚，反倒依赖那些善于挑动种族主义、部落主义和恐怖主义进而拉拢大众的外部政治组织，一步步滑向自我毁灭的极端主义，最终成为纳粹主义的盟友和世界大战的推手。英德一成一败，足以让美国人警醒并追问当代美国能否走出保守派困境。就此而言，《推特治国》对美国保守派的判断是悲观的。晚近四十余年来，美国保守党或许的确从粗糙的美国社会原石中识别出了“天使”，但却受制于极端不平等时代财阀所掌控的组织资源和政治献金，他们本想效仿英国保守党的成功，结果却复刻了德意志民族人民党的失败，他们没有迪斯雷利的政治雕刻能力，只能选择扭曲的财阀平民主义策略，从而助长了寡头统治在当代美国的复兴。

一、社会结构的裂变

可以说，美国政治家发现“天使”的过程，就是美国社会结构不断裂变的过程。

在政党政治兴起之前，美国政治的“天使”主要是白人清教徒。在 1800—1828 年政党政治兴起之后，民主共和党把天使界定为自耕农，并由此战胜了代表商业利益的联邦党人。1854 年，共和党诞生，共和党的“天使”是北方的自由人、商业和金融精英，包括白人和黑人，魔鬼则是那些捍卫奴隶制的种植园地主。在 1880 年至 1920 年的进步时代，美国的工业化、城市化初成，“天使”变成了城市工薪阶层。大萧条带来的社会崩溃，激起了工人阶级的斗争浪潮，美国政党政治的地缘版图发生巨变，小罗斯福领导的民主党抓住了这个“天使”，与之结成牢固的政治联盟，压制住了商业集团的政治冲动，开创了影响深远的新政自由主义时代，推动了第二次世界大战结束后美国经济社会飞速发展的“黄金三十年”。“黄金三十年”堪称美国历史上财富分配最均等的时代，不同阶层共同繁荣，满怀光荣与梦想。“天使”的外延也悄然生变，其主体仍然是工人阶级，同时，此起彼伏的民权运动不仅让以黑人为代表的少数族裔获得政治地位，进而成为“天使”的一分子，也让下层穷困白人社会地位上升，成为“天使”的一部分。

1964 年，美国发生了影响至今的政治重组，“保守派先生”巴里·戈德华特（Barry Goldwater）在总统选举中惨败，却史无前例地赢得了一直是民主党铁票区的南方五州支持，而共和党铁票区的东北部六州也从此易手。这开启了共和党拥抱南方和中西部的步伐，三十年后南方彻底成为共和党铁票区。戈德华特是共和党“南方战略”转向的舵手，尼克松、里根、布什父子、特朗普都因此受益。同时，“天使”也变了。过去，“天使”主要是那些能够实现“美国梦”的工人阶级。现在，“天使”变成了“沉默的大多数”。他们对民主党发动越南战争的反感，对嬉皮士反传统文化的厌恶，对城市犯罪、骚乱、失序的失望，对少数族裔力量和地位上升的抵制，让敏锐的尼克松听从年轻顾问凯文·菲利普斯（Kevin Philips）的建议，把带领美国保守党走出困境的希望寄托在抓住这些“沉默的大多数”上。20 世纪 90 年代中期，美国移民结构再次变化，信奉天主教的墨西哥裔新移民逐渐不容小觑，把墨西哥裔移民视为“天使”的“拉丁战略”成为“南方战略”的补丁，将小布什推上了总统宝座。21 世纪 10 年代中期，特朗普再次拥抱“南方战略”，将“天使”定义为基督教保守派、南方白人、四面楚歌的乡村白人、持枪者、农村和小城镇居民，以及坚决捍卫以异性恋为基础的传统性别、婚姻和价值观的美国人。

在短短两百三十年的美国历史中，“天使”的变化，既反映了主人与奴隶、白人与黑人、白人与少数族裔的对立，也反映了富人与穷人、精英与大众、念过大学的与没念过大学的人之间的分歧，尽管双方之间实质上的阶层斗争常常被处理为形式上的种族冲突，但的确体现了两种背道而驰却关乎美国未来的力量之间的对决。共和党所代表的，是分散在农村和小城镇，在人口、经济、社会和政治上处于支配地位，曾经满怀光荣与梦想，现在却充满挫败与失落感的以白人为主体的中下层大众，这些当下的多数很快将变成少数，他们感受到了美国种族人口结构的变化对其未来地位和力量的影响。而民主党所代表的，是聚居在大中城市和沿海发达地区，在人口、经济、社会和政治上都处于上升期的城市精英、少数族裔，这些曾经的少数在不久之后将会变成多数，他们势必自视为美国未来希望所在。这两种力量，一个在下降，一个在上升，谁是那个“被困在大理石中的天使”，谁就真正代表美国的未来，代表美国之为美国、美国人之为美国人的实质。在《推特治国》的作者看来，共和党也许恰当地识别出了“天使”，但是，晚近四十余年来，极端不平等的经济社会结构与财阀统治的复兴逐渐成为两块“坚不可摧”的大理石。

二、权力结构的扭曲

极端不平等的经济社会结构是压在“天使”身上的第一块大理石板。在社会财富分配均等化的“黄金三十年”之后，潜藏在美国自由主义的政治理念所许诺的平等背后的种种不平等的现实反差浮出水面。事实上，比《推特治国》的判断更早，美国从 20 世纪 60 年代末起就从平等化的匀速路拐上了不平等的快车道，直至晚近四十年来形成极端不平等的收入和财富分配格局，0.1%的上层富人拥有的财富相当于90%的美国人。在极端不平等的时代，美国经济天平严重导向赢者通吃，顶层富豪成为大赢家，“涓滴效应”失效，共同繁荣不再，社会流动性断崖式下降，大学教育、医疗健康、公共住房、社会福利等领域贫富分歧变得像黑白鸿沟那样明显，工人阶级的政治影响力急剧下降，美国在这些方面的衰变远超欧洲发达国家。收入和财富分配严重不公带来的经济和社会结构极端不平等，成为美国工人阶级难以摆脱的大理石牢笼。

上层经济精英是极端不平等的经济社会结构的受益者，他们不仅是收入和财富上的大赢家，也是政治上的大赢家，他们想要的，正是将“天使”们继续困在大理石中。他们在历史上反复出现，过去是种植园大地主、制造业资本家、石油巨头，现在是金融银行家、华尔街新贵、私人慈善基金组织以及那些野心勃勃的商业利益集团。这些上层经济精英在地方、州和联邦层面营造起强大的组织网络，让共和党很难走出保守派困境，这也成为压在“天使”身上的第二块大理石板。这是因为，美国政党政治及其政治体系运行的关键环节，无论是招募候选人、培养政治骨干和维系政党组织，还是竞选宣传、选举动员、选举竞争，都依赖源源不断的私人资金投入。正如亚当·斯密早就警示世人的，那些有资本的人总想将自己的经济购买力转化为政治支配力。不平等越严重，上层经济精英掌握的经济购买力就越大，其政治支配力就越大，共和党就越倾向于通过偏袒政策与之结盟。

上层经济精英深谙“组织造就影响力”的政治之道，这不仅仅意味着美国国会政治内部的“金里奇改革”，共和党内部也出现了更强势的议会政治联盟，更重要的是强大的组织建设，这包括让各州和联邦层面的共和党走向右倾自由放任市场主义的科赫网络，以神职人员为基础的全美基督教右翼基层教会网络，积极鼓吹持枪权的全美步枪协会，1993 年开始服务于上层精英统治的美国商会，各种关注文化仇恨情绪的保守主义组织，以及借助新宣传技术、越过教会高墙、渗入大众客厅、刺激文化愤怒的右翼媒体。这些用文化诉求来遮蔽经济诉求的外部组织，形成了本地化的严密组织网络，将部落化的愤怒情绪和清晰的危机感巧妙融合，为共和党带来了热情而忠诚的选民。

因此，《推特治国》将 1980 年以来共和党的政治战略称为“财阀民粹主义”，它不同于反全球化、反移民的右翼民粹主义，它只回应选民的种族心理诉求，但不真正回应这类选民的政策诉求。在极端不平等的时代，这种扭曲的政治联盟让共和党越来越极端化，共和党及其领导者失去了让“工人阶级天使”真正解困的政治意愿和能力。

三、文化政治的歧路

《推特治国》的两位作者认为，自 20 年代 60 年代中期以来，在共和党领导者中，只有尼克松拥有这种政治意愿和政治能力，只有他从大理石中雕刻出了自己的“工人阶级天使”。这是因为，尽管尼克松也在种族和文化上充分利用种族主义愤怒情绪，但他在经济议题上堪称 20 世纪美国最后一个社会民主主义总统，他延续了新政自由主义的经济政策和福利政策，通过控制工资和价格来刺激经济，扩大社会保障范围，将食品券计划推向全国，在联邦政府层面为工人组织提供支持，建立保护工人、消费者和环境的全面监管体系，保障家庭收入，并改革医疗保险制度。

由是观之，在尼克松之前的美国总统中，或许只有林肯和小罗斯福具有这种政治意愿和能力。而在尼克松之后的共和党总统中，福特没有这个能力，里根没有这种意愿，只有老布什既有意愿又有能力，却因触动了财阀利益而昙花一现。小布什虽然受惠于“拉丁战略”，却站在父亲的对立面，坚持在经济议程上推进有利于财阀的政策。而特朗普在很大程度上不是在雕刻“天使”，而是在强化大理石的硬度。作为一种统治术的隐喻，雕刻术类似于年轻的苏格拉底在《政治家篇》中讨论的编织术，但是，只有技艺精湛的雕刻家才拥有成熟的政治编织术，才有能力建立不同阶层的政治整合机制。英国保守党成功了，德国保守党失败了，而美国保守的共和党的“南方战略”如果不转向或结合“拉丁战略”，过去数十年稳固的选民基础也很可能逐渐流失。

当然，无论是“南方战略”还是“拉丁战略”，都可以说是美国历史上由来已久且根深蒂固的种族主义的变体，是其文化政治走向歧路的必然产物。美国历史上两次种族隔离的松动相隔百年，都引发了白人的强烈反弹。19 世纪 60 年代的美国内战只是让自由的黑人成为北方工业州的联邦军队兵源，并没有真正撼动种族隔离制度。20 世纪五六十年代，无论是布朗诉教育委员会案，还是 1964 年的选举法修正案，都仅仅是在法律形式上宣布种族隔离不合法，黑人拥有和白人相同的投票权，但是，白人对取消种族隔离的愤怒推动了对基督教学校的保护，白人对黑人城市市民的恐惧推动了持枪权问题的失控，对少数族裔的配额制补偿政策也在司法、立法和行政上频频遭遇挑战。对“沉默的大多数”而言，向少数族裔倾斜的配额制是一种“逆向种族主义”。美国共和党在晚近五十年来推进的“南方战略”，正是试图抓住大多数白人的这种种族心理，将“种族竞标”策略变成美国法律和公共政策的主轴，将情感极化催生的文化愤怒和认同分歧作为组织建设的心理学依据，在犯罪、法律与秩序、伊斯兰极端恐怖主义、定锚婴儿、非法移民、福利收益等议题上激发种族偏见，塑造社会文化议题上的二元对立选择，并且为了防止不那么忠诚的选民挑战白人选民的影响力，反复运用各种选举操纵技术，由此营造自己的选民基础。

但是，种族的故事并非财阀故事的替代版，种族叙事的扩大化恰恰是财阀影响力的产物。在晚近五十年中，富人收入、财富和组织能力的快速增长，迫使共和党采取拥抱财阀的政治策略；非白人、拉丁裔人口的迅速增加，又迫使共和党重新考虑运用“拉丁战略”。小布什成为“拉丁战略”的受益者，奥巴马时代作为在野党的共和党也希望重建“拉丁战略”，但共和党的财阀盟友不支持“拉丁战略”。尽管除了移民问题以外，拉丁裔选民和没有上过大学的美国白人没有多大区别，他们的价值观都很保守，他们更关心经济安全和向上的流动性。

就此而言，特朗普主义代表了共和党南方战略的巅峰状态，既然多数平民主义者在经济议题上和财阀没有什么共同之处，那就宣布在医疗健康上照顾好每一个人，并让政府为此买单。为此特朗普主义声称要抽干官僚主义的沼泽，终结只有付费才能参与的华盛顿政治游戏，但悖谬的是，美国财阀们却一致认为，特朗普时代，是他们在历史上最好的时代。这种政治操作之所以有效，正是因为特朗普主义将身份政治与情感极化等文化政治因素发挥到极致，强化白人公民在人身安全、工作机会和多数选民地位上对来自非白人威胁的恐惧和忧虑，特朗普主义下的共和党走向了种族分裂策略，从而在失业率更高、就业率更低、收入较少、总体健康状况较差的地区获得了较高支持率。

四、难以走出的困境

《推特治国》这本书的英文名“Let Them Eat Tweets”所暗示的，正是在深陷保守派困境之后，共和党扭曲的政治策略。这意味着，共和党在经济政策上彻底导向上层经济精英，在选举动员上严重依赖身份政治、认同分歧、文化愤怒和选举操纵，却不真正回应普通大众的诉求，推特只不过是一剂安慰药。在极端不平等的时代，美国共和党的领导者不是在粗糙的原石中雕刻出“天使”，而是用情感极化，用对少数族裔的贬低，用对政府腐败无能的指控，将种族主义、对政府的不信任和对经济的不安全感捆绑在一起，从而将陷入地位下降和经济衰退的“沉默的大多数”继续禁锢在大理石中。整个政治制度向超级富豪严重倾斜，超级富豪又控制着媒体、话语权和政治经济资源，从而有能力在被困住的选民和困住他们的财阀之间构造偏好共振，最终结成了财阀民粹主义这一扭曲的政治联盟。

在当今美国，极端不平等既是权力的不平等，也让利益分歧难以调和，更让精英阶层更加恐惧多数的暴政，因此，自由主义这个共识已经千疮百孔，贫富两个阶级的斗争愈演愈烈，财阀寡头集团强有力地操控着选举政治、州政治和国家政治，三大因素共同推动了美国政体的衰变。《推特治国》一书认为，当今美国的问题不在于“多数的暴政”，而在于“少数的专政”。事实上，这种阶层利益固化所导致的政治衰败并不是什么新鲜事，它只不过是米歇尔斯（Robert Michels）所说的寡头统治的铁律在当代美国的重现，这既是美国经济学者施蒂格利茨（Joseph Stiglitz）所说的“1%有、1%享、1%治”，也是美国政治学者福山所说的相互否决制所导致的制度恶果，福山寄希望于民主的独裁（Democratic Dictatorship），现实却是寡头的专政。

纵观《推特治国》全书，当代美国共和党在面对保守派困境时的极端化倾向及其未来走势，更像失败了的德意志民族人民党而非成功的英国保守党，两位作者对此忧心忡忡，他们借用了丹尼尔·齐布拉特（Daniel Ziblatt）和史蒂文·李维兹基（Steven Levitsky）的保守派困境概念，但扩大了其解释力，认为保守派精英不仅决定着新生民主制的兴衰，也决定着美国民主制的命运。英国格拉斯哥大学政治学者迈克尔·黑米（Michael T. Heaney）将两位作者所讨论的共和党右倾、民主党左倾的政治极化现象，加上体制正当性的丧失和传播媒介的分散化，视为美国各种抗议活动此起彼伏的三大要因，2020 年美国大选前的“黑命贵”正是美国这一困境的集中体现。加拿大劳里埃大学心理学者安妮·威尔逊（Anne E. Wilson）等人也指出，美国的政治极化正在加剧，它与意识形态极化和情感极化之间形成了一种相互加强的闭环。制度上的两极化通过精英的操作、媒体和社交媒体的强化，助长了人们对选民分歧的误解，这又反过来加强了敌意和意识形态等情感极化现象。因此，两位作者寄希望于一场酣畅淋漓的选举胜利来终结共和党的极端化策略，希望共和党能在惨败之后自我革新，找到拥抱少数族裔的跨种族文化政治战略，在政策上对穷人家庭更友好，吸引少数族裔和新移民的支持，探寻各阶层的保守本能，比如坚持家庭价值观和共同体意识，以及强调个人主义和自力更生等。

但是，在 2020 年的美国选举中，拜登对特朗普的胜利远远不是压倒性的，相反，双方的选民基础和五十年前相比变化不大，双方的白热斗争已经延续了五十余年，这种状态也为财阀统治的复兴留下了空间。更重要的是，他们忽略了民主党和共和党正是同一面镜子的两面，双方的政治资源都依赖财阀，又都不得不争取大众的选票。从历史的纵深处看向未来，美国乡下人的悲歌所表达的正是让两党都难以自拔的政治经济困境，民主党的政治策略同样把文化价值议题放在优先位置，双方用了同样的矛也用了同样的盾。事实上，五十年前的民主党早已陷入了和保守党相同的困境。

在极端不平等的时代，在寡头制复兴的当代美国，民主党和共和党实际上身处同一个牢笼，双方都在对方身上看到了自己的过去。对于美国而言，双方一上一下、一进一退、一兴一衰，究竟谁代表着美国前进的动力，谁代表着美国的长远未来，谁的价值理念和政治经济社会纲领更能让美国走出困境，谁能将困在粗糙大理原石中的“天使”真正雕刻出来，既受制于偶然、运气、机遇，更需要智慧、德性、能力。而就社会结构与文化政治之间的这种紧张关系而言，美国是全球意识形态动力机制的缩影。

参考文献

[古希腊] 阿里斯托芬:《阿里斯托芬喜剧集》，罗念生等译，人民文学出版社 1954 年版。

[美] 艾德丽安·里奇:《女人所生：作为体验与成规的母性》，毛路、毛喻原译，重庆出版社 2008 年版。

[英] 安德鲁·查德威克:《互联网政治学：国家、公民与新传播技术》，任孟山译，华夏出版社 2010 年版。

[英] 安东尼·吉登斯:《气候变化的政治》，曹荣湘译，社会科学文献出版社 2009 年版；《现代性与自我认同：晚期现代中的自我与社会》，夏璐译，中国人民大学出版社 2016 年版。

[古希腊] 柏拉图:《理想国》，郭斌和、张竹明译，商务印书馆 2007 年版。

[法] 布鲁诺·拉图:《我们从未现代过》，余晓岚、林文源、许全义译，群学出版社 2012 年版。

[法] 布鲁诺·拉图尔、[加] 希瑟·戴维斯:《如何与盖亚交往：布鲁诺·拉图尔与希瑟·戴维斯的对话》，宫林林译，载《新美术》2017 年第 2 期。

[美] 戴维·雷斯尼克:《政治与科学的博弈：科学独立性与政府监督之间的平衡》，陈光、白成太译，上海交通大学出版社 2015 年版。

[美] 多萝西·罗斯:《美国社会科学的起源》，王楠、刘阳、

吴莹译，生活·读书·新知三联书店 2018 年版。

方世南：《人类命运共同体视域下的生态-生命一体化安全研究》，载《理论与改革》2020 年第 5 期。

［美］格伦·格林沃尔德：《无处可藏：斯诺登、美国国安局与全球监控》，米拉、王勇译，中信出版社 2014 年版。

韩俊红：《医学脱嵌于社会——当代西方社会医学化研究述评（1970—2010 年）》，载《社会学研究》2020 年第 2 期。

［瑞士］海德格尔·诺沃特尼、［英］彼得·斯科特、［英］迈克尔·吉本斯：《反思科学》，冷民等译，上海交通大学出版社 2011 年版。

胡翌霖、唐兴华：《取代上帝视角——环境伦理视域下的拉图尔盖亚观》，载《自然辩证法通讯》2021 年第 7 期。

胡颖峰：《吉登斯现代性思想研究》，中央编译出版社 2011 年版。

［英］卡尔·波兰尼：《大转型：我们时代的政治与经济起源》，冯钢、刘阳译，当代世界出版社 2020 年版。

［美］凯特·米利特：《性的政治》，钟良明译，社会科学文献出版社 1999 年版。

［美］克雷格·卡尔霍恩、黄平：《全球化研究的思考与问题》，载《社会学研究》2001 年第 3 期。

强世功：《惩罚与法治：当代法治的兴起（1976—1981）》，法律出版社 2009 年版。

蓝江：《生产与治理：作为政治经济学视差的生命政治学》，载《南京社会科学》2017 年第 7 期。

雷毅：《深层生态学：一种激进的环境主义》，载《自然辩证法研究》1999 年第 2 期。

李乾坤：《生命政治与犬儒主义：福柯对新自由主义治理术

的批判》，载《国外理论动态》2018 年第 4 期。

李曈：《重置现代性：拉图尔思想述评》，载《自然辩证法通讯》2020 年第 1 期。

联合国：《21 世纪议程》，https://www.un.org/chinese/events/wssd/chap31.htm。

刘冰菁：《福柯的“生命政治”概念的诞生》，载《国外理论动态》2018 年第 12 期。

刘鹏：《与拉图尔一起生活在非现代的世界之中——评拉图尔的〈我们从未现代过〉》，载《科学与社会》2013 年第 1 期。

［法］卢梭：《爱弥儿》，李平沤译，商务印书馆 1978 年版。

卢周来：《被瘟疫形塑的世界：历史回顾与当下思考》，载《开放时代》2021 年第 2 期。

［美］罗斯玛丽·帕特南·童：《女性主义思潮导论》，艾晓明译，华中师范大学出版社 2002 年版。

［加拿大］马克·扎克、［加拿大］塔尼亚·科菲：《因病相连：卫生治理与全球政治》，谭继勇译，浙江大学出版社 2011 年版。

［德］马克思、恩格斯：《德意志意识形态》、《共产党宣言》，载中共中央马克思、恩格斯、列宁、斯大林著作编译局编：《马克思恩格斯选集》(第 1 卷)，人民出版社 2012 年版。

［德］马克斯·韦伯：《学术与政治》，钱永祥等译，广西师范大学出版社 2010 年版。

［美］马丁·杰伊：《新自由主义想象与理性空间》，李斌译，载《哲学分析》2013 年第 6 期。

［英］玛丽·沃斯通克拉夫特：《女权辩护》，王蓁译，商务印书馆 1996 年版。

［美］马修·辛德曼：《数字民主的迷思》，唐杰译，中国政

法大学出版社2016年版。

［英］迈克尔·曼：《社会权力的来源》（第一卷），刘北城、李少军译；《社会权力的来源》（第二卷），陈海宏等译；《社会权力的来源》（第三卷），郭台辉等译；《社会权力的来源》（第四卷），郭忠华等译，上海世纪出版集团2015年版。

［法］米歇尔·福柯：《生命政治的诞生：法兰西学院演讲系列，1978—1979》，莫伟民、赵伟译，上海人民出版社2011年版；《安全、领土与人口：法兰西学院课程系列，1977—1978》，钱翰、陈晓径译，上海人民出版社2018年版。

［美］默里·布克金：《自由生态学：等级制的出现与消解》，郇庆治译，山东大学出版社2008年版。

［英］帕特里克·卡罗尔：《科学、文化与现代国家的形成》，刘萱、王以芳译，上海交通大学出版社2016年版。

［法］皮埃尔·布尔迪厄：《男性统治》，刘晖译，海天出版社2002年版。

［法］乔弗鲁瓦·德·拉加斯纳里：《福柯的最后一课：关于新自由主义，理论和政治》，潘培庆译，重庆大学出版社2016年版。

渠敬东：《项目制：一种新的国家治理体制》，载《中国社会科学》2012年第5期。

渠敬东、周飞舟、应星：《从总体支配到技术治理——基于中国30年改革经验的社会学分析》，载《中国社会科学》2009年第6期。

［美］让·埃尔斯坦：《公共的男人，私人的女人：社会和政治思想中的女性》，葛耘娜、陈雪飞译，生活·读书·新知三联书店2019年版。

世界卫生组织：《2007年世界卫生报告——构建安全未来：

21世纪全球公共卫生安全》，人民卫生出版社2007年版。

[法]托克维尔：《论美国的民主》，董果良译，商务印书馆1989年版。

王志弘：《领域化与网络化的多重张力："地方"概念的理论性探讨》，载《城市与设计学报》2015年第7期。

[美]威廉·麦克尼尔：《竞逐富强：公元1000年以来的技术、军事与社会》，孙岳译，中信出版社2020年版。

翁寒冰：《福柯的治理范式及其方法论启示》，载《江西社会科学》2019年第1期。

[美]西里尔·E·布莱克编：《比较现代化》，杨豫、陈祖洲译，上海译文出版社1996年版。

夏明方：《中国灾害史研究的非人文化倾向》，载《史学月刊》2004年第3期。

徐秀丽、李小云：《发展知识：全球秩序形成与重塑中的隐形线索》，载《文化纵横》2020年第1期。

汪行福：《复杂现代性与拉图尔理论批判》，载《哲学研究》2019年第10期。

王云霞：《深层生态学与社会生态学思想异同之比较》，载《南开学报》(哲学社会科学版)2010年第6期。

[荷]韦博·比克、[荷]罗兰·保尔、[荷]鲁德·亨瑞克斯：《科学权威的矛盾性：科学咨询在民主社会中的作用》，施云燕、朱晓军译，上海交通大学出版社2015年版。

[美]雅各布·哈克、[美]保罗·皮尔森：《推特治国：美国的财阀统治与极端不平等》，法意译，当代世界出版社2020年版。

严展宇：《国际关系研究的艺术转向：内涵、意义及其限度》，载《国际政治研究》2020年第5期。

［德］尤尔根·哈贝马斯：《公共领域的结构转型》，曹卫东等译，学林出版社 1999 年版。

张旭：《福柯在中国（1989—2019）》，载《跨文化研究》2020 年第 1 辑，社会科学文献出版社 2020 年版。

［美］詹姆斯·斯科特：《六论自发性：自主、尊严，以及有意义的工作和游戏》，袁子奇译，社会科学文献出版社 2019 年版。

赵晓力：《通过合同的治理——80 年代以来中国基层法院对农村承包合同的处理》，载《中国社会科学》2000 年第 2 期。

张亢：《重构自然与政治：论拉图尔的政治生态学》，载《自然辩证法通讯》2020 年第 1 期。

张一兵：《生命政治学与现代权力治理术——福柯的法兰西学院演讲评述》，载《天津社会科学》2015 年第 1 期。

钟晓林、洪晓楠：《拉图尔论"非现代性"的人与自然》，载《自然辩证法通讯》2019 年第 6 期。

Acker, S., "In/Out/Side: Positioning the Researcher in Feminist Qualitative Research", *Resources for Feminist Research*, 28 (1/2), 2000.

Adele E. Clarke, Laura Mamo, Jennifer Ruth Fosket, Jennifer R. Fishman & Janet K. Shim (eds.), *Biomedicalization: Technoscience, Health, and Illness in the U. S.*, Durham, NC: Duke University Press, 2010.

Adele E. Clarke, Janet K. Shim, Laura Mamo, et al., "Biomedicalization: Technoscientific Transformations of Health, Illness, and U. S. Biomedicine", *American Sociological Review*, 68 (2), 2003.

Adrienne Mayor, *Greek Fire, Poison Arrows, and Scorpion Bombs: Biological and Chemical Warfare in the Ancient World*, New York: The

Overlook Duckworth, 2003.

Alistair Thomson, "Fifty years on: an international perspective on oral history", *The Journal of American History*, 85 (2), 1998.

Alison Howell, "Sovereignty, Security, Psychiatry: Liberation and the Failure of Mental Health Governance in Iraq", *Security Dialogue*, 41 (4), 2010; *Madness in International Relations: Psychology, Security, and the Global Governance of Mental Health*, London: Routledge, Taylor & Francis Group, 2011.

Andreas Anter, *Max Weber's Theory of the Modern State: Origins, Structure and Significance*, London: Palgrave, 2014.

Andrew Barry, "The Translation Zone: Between Actor-Network Theory and International Relations", *Millennium: Journal of International Studies*, 41 (3), 2013.

Andrew Cooper, John Kirton & Ted Schrecker (eds.), *Governing Global Health: Challenge, Response, Innovation*, Aldershot: Ashgate Publishing, 2007.

Andrew Thompson (ed.), *Britain's Experience of Empire in the Twentieth Century*, Oxford: Oxford University Press, 2011.

Andy Herod & Melissa Wright (eds.), *Geographies of Power: Placing Scale*, Oxford: Blackwell, 2002.

Angela McRobbie, "The politics of feminist research: between talk, text and action", *Feminist Review*, 12, 1982.

Anatol Lieven and John Hulsman, "Developmental Realism", *Harvard Law & Policy Review*, https://harvardlpr.com/online-articles/developmental-realism/.

Ann Braithwaite, "The Personal, The Political, Third-Wave and Post feminisms", *Feminist Theory*, 3 (3), 2002.

Anne-Emanuelle Birn, "Philanthrocapitalism, Past and Present: The Rockefeller Foundation, the Gates Foundation, and the Setting (s) of the International/Global Health Agenda", *Hypothesis*, 12 (1), 2014.

Anthony Giddens, *Consequences of Modernity*, Cambridge: Polity Press, 1990; *Politics of Climate Change*, Cambridge: Polity Press, 2009.

Antoine Vauchez, "The Force of a Weak Field: Law and Lawyers in the Government of the European Union", *International Political Sociology*, 2008.

Arne Naess, *Ecology, Community and Lifestyle*, Cambridge: Cambridge University Press, 1989.

Ava Kofman, "Bruno Latour, the Post-Truth Philosopher, Mounts a Defense of Science", *New York Times*, Oct. 25, 2018.

Barry Buzan, Ole Wæver & Jaap de Wilde, *Security: A New Framework for Analysis*, Boulder, CO: Lynne Rienner, 1998.

Bell Hooks, *Talking Back: Thinking Feminist, Thinking Black*, Boston: South End Press, 1989.

Bill Devall & George Sessions, *Deep Ecology: Living as if Nature Mattered*, Salt Lake City: Peregrine Smith Books, 1985.

Bruno Latour, *Science in Action: How to Follow Scientists and Engineers through Society*, Harvard University Press, 1988; *Politics of Nature: How to Bring the Sciences into Democracy*, translated by Catherine Porter, Harvard University Press, 2004; *Reassembling the Social: An Introduction to Actor-Network-Theory*, Oxford: Oxford University Press, 2005; *Facing Gaia: Eight Lectures on the New Climatic Regime*, translated by Catherine Porter, Cambridge: Polity Press,

2017; *Down to Earth: Politics in the New Climate Change*, translated by Catherine Porter, London: Polity Press, 2018.

Bruno Latour & Peter Weibel (eds.), *Making Things Public: Atmospheres of Democracy*, London: MIT Press, 2005.

Călin Cotoi, *Neoliberalism: A Foucauldian Perspective*, International Review of Social Research, 1 (2), June 2011.

Caroline Ramazanoglu, "On feminist methodology: male reason versus female empowerment", *Sociology*, 26 (2), 1992.

Caroline Tolbert, Karen Mossberger & Mary Stansbury, *Virtual inequality: Beyond the digital divide*, Washington: Georgetown University Press, 2003.

Christine Sylvester, *Feminist Theory and International Relations in a Postmodern Era*, Cambridge: Cambridge University Press, 1994; *Feminist International Relations: An Unfinished Journey*, Cambridge: Cambridge University Press, 2002.

Colleen Bell, "Hybrid Warfare and Its Metaphors", *Humanity: An International Journal of Human Rights, Humanitarianism and Development*, 3, 2012.

Cynthia Enloe, *The Curious Feminist: Searching for Women in a New Age of Empire*, Berkeley: University of California Press, 2004; *Globalization and Militarism: Feminist Make the Links*, Lanham, MD: Rowman and Little field, 2007; *Seriously! Investigating Crashes and Crises as if Women Mattered*, Berkeley: University of California Press, 2013.

Dan Gillmor, *We the media: Grassroots journalism by the people, for the people, Sebastopol*, CA: O'Reilly Media Inc, 2006.

Daniel R. Headrick, *The Tools of Empire: Technology and Euro-*

pean Imperialism in the Nineteenth Century, Oxford and New York: Oxford University Press, 1981.

David Lyon, *The electronic eye: The rise of surveillance society*, Minneapolis: University of Minnesota Press, 1994; *Surveillance society: Monitoring everyday life*, Buckingham and Philadelphia: Open University Press, 2001; *Surveillance as social sorting: Privacy, risk, and digital discrimination*, London and New York: Routledge, 2003; *The information society: Issues and illusions*, Cambridge: Polity Press, 1988.

David Nugent, "Knowledge and Empire: The Social Sciences and United States Imperial Expansion", *Identities: Global Studies in Culture and Power*, 17 (1), 2010.

Dean Mitchell, "Rethinking Neoliberalism", *Journal of Sociology*, 50 (2), 2014.

Denied R. Deibert, John Palfrey, Rafal Rohozinski & Jonathan Zittrain, *Access controlled: The shaping of power, rights, and rule in cyberspace*, Cambridge, MA: The MIT Press, 2010.

Diana H. Coole, *Women in Political Theory—from Ancient Misogyny to Contemporary Feminism*, Sussex: Wheatsheaf Books LTD, 1988.

Diana Owen, "Book Reviews of 'The Myth of Digital Democracy'", *Political Communication*, 26, 2009.

Diane Stone, *Knowledge actor and transnational governance: The Private-Public Policy Nexus in the Global Agora*, New York: Palgrave Macmillan, 2013.

Didier Bigo & Anastassia Tsoukala (eds.), *Terror, Insecurity and Liberty: Illiberal Practices of Liberal Regimes after 9/11*, London:

Routledge, 2008.

Dipesh Chakrabarty, "The Climate of History: Four Theses", *Critical Inquiry*, 35 (2), 2009.

Donald MacKenzie, "Opening the Black Boxes of Global Finance", *Review of International Political Economy*, 12 (4), 2005.

Douglas Kellner, "Globalisation from below? Toward a radical democratic technopolitics", *Angelaki: Journal of the Theoretical Humanities*, 4 (2), 1999.

E. Harold Hinman, *World Eradication of Infectious Diseases*, Springfield: Charles C. Thomas, 1966.

Emanuel Adler & Vincent Pouliot, *International Practices*, Cambridge: Cambridge University Press, 2011, p. 14.

Feldbaum Harley, Lee Kelley , Patel Preeti, "The National Security Implications of HIV/AIDS", *PLoS Medicine*, 3 (6), 2006.

Freire Paulo, *Education: The Practice of Freedom*, London: Writers and Readers Publishing Cooperative, 1976.

Garrett W. Brown, Iain McLean & Alistair McMillan, *A Concise Oxford Dictionary of Politics and International Relations*, (4th ed.), New York: Oxford University Press, 2018.

George Basalla, "The Spread of Western Science", *Science*, 156. 3775, 1967.

Graham Burchell, Colin Gordon & Peter Miller (eds.), *The Foucault Effect: Studies in Governmentality: with Two Lectures by and an Interview with Michel Foucault*, Chicago: University of Chicago Press, 1991.

Hathaway, Michael J. , "China's Forgotten Role in Western Second-Wave Feminism", *Asia Global Online Journal*, 2018.

Herrman, Ann and Steward, Abigail (eds.), *Theorizing Feminism: Parallel Trends in the Humanities and Social Sciences*, Boulder: Westview Press, 1994.

Hinds, H., Phoenix, A. & Stacey, J. (ed.), *Working out: New Directions in Women's Studies*, Lewes: The Flamer Press, 1992.

Howard Waitzkin & Barbara Waterman, *The Exploitation of Illness in Capitalist Society*, Indianapolis: Bobbs-Merrill Company, 1974.

Hugh Coolican, *Research methods and statistics in psychology*, London: Hodder & Stoughton, 1994.

Hugh C. Dyer, "Climate Anarchy: Creative Disorder in World Politics, *International Political Sociology*, 8 (2), 2014.

Immanuel Wallerstein, *The Modern World-System, vol. I: Capitalist Agriculture and the Origins of the European World-Economy in the Sixteenth Century*, New York and London: Academic Press, 1974.

Institute of Medicine, *Microbial Threats to Health: Emergence, Detection, and Response*, Washington, DC: National Academic Press, 2003.

Irving K. Zola, "Medicine as an Institution of Social Control", *Sociological Review*, 1972.

Irwin W. Sherman, *Twelve Diseases That Changed Our World*, Washington, DC: ASM Press, 2007.

Jack Woodall & Charles H. Calisher, "ProMED-mail: background and purpose", *Emerging Infectious Diseases*, 7 (3 Suppl), 2001.

Jacqueline Best & William Walters, "Translating the Sociology of Translation", *International Political Sociology*, 7 (3), 2013.

Jakob Lempp & Janko Altenschmidt, "Supranationalization

through Socialization in the Council of the European Union", *Conference Paper for European Union Studies Association*, 2007, http://aei.pitt.edu/7949/.

James A. Banks, "The Lives and Values of Researchers: Implications for Educating Citizens in a Multicultural Society", *Educational Researcher*, 27 (7), 1998.

James Delbourgo and Nicholas Dew (eds.), *Science and Empire in the Atlantic World*, Routledge, 2008.

James P. Gee, *An Introduction to Discourse Analysis: Theory and Method*, Routledge, 1999, 2000.

James B. Petro, Theodore R. Plasse & Jack A. McNulty, "Biotechnology: Impact on Biological Warfare and Bio-defense", *Biosecurity and Bioterrorism*, 1, 2003.

James J. McGann, *Global Trends and Transitions in Security Expertise*, Routledge, 2018.

James C. Scott, *Seeing Like a State: How Certain Schemes to Improve the Human Condition Have Failed*, New Haven: Yale University Press, 1998.

James G. Webster, "Three Myths of Digital Media", *Convergence*, 23 (4), 2017.

Jason Gainous & Kewin Wagner, *Rebooting American politics: The internet revolution*, Lanham, MD: Rowman & Littlefield, 2011.

Jean-Christophe Graz, Eva Hartmann, "Transnational Authority in the Knowledge-Based Economy: Who Sets the Standards of ICT Training and Certification?" *International Political Sociology*, 6, 2012.

Jeffrey T. Nealon, *Foucault beyond Foucault: Power and its Intensifications since 1984*, Stanford: Stanford University Press, 2008.

Joel Greenberg, "The Ethnics of Psychiatry: Who is Sick?", *Science News*, 112 (21), 1977.

Joel S. Migdal, "Studying the State", in Lichbach Mark Irving & Alan S. Zuckerman, *Comparative politics: Rationality, Culture, and Structure*, New York: Cambridge University Press, 1997.

John Agnew, J. , "Know-Where: Geographies of Knowledge of World Politics", *International Political Sociology*, 1, 2007.

John p. Nettl, "The State as a Conceptual Variable", *World politics*, 20 (4), 1968.

John Ziman, *Real Science*, Cambridge: Cambridge University Press, 2000.

Jon Bird, Barry Curtis, Tim Putnam, George Robertson & Lisa Tickner (eds.), *Mapping the Futures: Local Cultures, Global Change*, London: Routledge, 1993.

Judith Lorber & Susan A. Farrell (eds.), *The Social Construction of Gender*, Newbury Park, California: Sage, 1991.

Karen Barkey & Sunita Parikh, "Comparative Perspectives on the State", *Annual Review of Sociology*, 17 (1), 1991.

Karen Mossberger, Caroline J. Tolbert, and Ramona S. McNeal, *Digital citizenship: The Internet, society, and participation*, Cambridge, MA: MIT Press, 2008.

Karin Knorr-Cetina & Mulkay Mulkay (eds.), *Science Observed*, Beverly Hills: Sage, 1983.

Kenneth C. Laudon, *Communications technology and democratic participation*, New York: Praeger, 1977.

Kristin K. Barker, "A Ship Upon A Stormy Sea: The Medicalization of Pregnancy", *Social Science & Medicine*, 47 (8), 1998.

Laura DeNardis, *Protocol politics: The globalization of Internet governance*, Cambridge, MA: The MIT Press, 2009.

Lawrence D. Kritzman (ed.), *Michel Foucault: Politics, Philosophy Culture, Interviews and Other Writings 1977-1984*, New York: Routledge, 1988.

Lichbach Mark Irving & Alan S. Zuckerman, *Comparative politics: Rationality, Culture, and Structure* (2nd ed.), New York: Cambridge University Press, 2009.

Liz Stanley (ed.), *Feminist Praxis*, London: Routledge, 1990.

Luca Mavelli, "Governing the resilience of neoliberalism through biopolitics", *European Journal of International Relations*, 23 (3), 2017.

Ludger Pries, "The Spatial Spanning of the Social Transnationalism as a challenge and chance for social sciences", Paper presented at the *International Workshop Transnationalism: New Configurations of the Social and the Space*, 2002.

Maximilian Mayer, "Chaotic Climate Change and Security", *International Political Sociology*, 6 (2), 2012.

Michael C. Behrent, "Liberalism without Humanism: Michel Foucault and the Free-Market Creed", *Modern Intellectual History*, 6 (3), 2009.

Michael J. Shapiro & Hayward R. Alker (eds.), *Challenging Boundaries: Global Flows, Territorial Identities*, Minneapolis: University of Minnesota Press, 1996.

Mike Crang & Nigel Thrift (eds.), *Thinking Space*, London: Routledge, 2000.

Mark Harrison, "Science and the British Empire", *Isis*, 96

(1), 2005.

Marjorie L. DeVault, "Talking back to sociology: distinctive contributions of feminist methodology", *Annual Review of Sociology*, 22, 1996.

Marianne Kneuer, "E-democracy: A new challenge for measuring democracy", *International Political Science Review*, 37 (5), 2016.

Mathias Albert, Barry Buzan & Michael Zürn (eds.), *Bring Sociology to International Relations: World Politics as Differentiation Theory*, New York: Cambridge University Press, 2013.

Mathias Albert, David Jacobson & Yosef Lapid (eds.), *Identities, Borders, Orders*, Minneapolis: University of Minnesota Press, 2001.

Michael Worboys, "British Colonial Science Policy, 1918–1939", *Colonial Sciences: Researchers and Institution*, 2, 1996.

Michel Foucault, *Society Must Be Defended: Lectures at the Collège De France, 1975–1976*, New York: Picador, 2003; *Security, Territory, Population: Lectures at the Collège de France, 1977–1978*, New York: Palgrave Macmillan, 2009; "The Politics of Health in the Eighteenth Century", *Foucault Studies*, 2014.

Michel Foucault, Arnold I. Davidson & Graham Burchell, *The Birth of Biopolitics: Lectures at the Collège de France, 1978–1979*, New York: Palgrave Macmillan, 2008.

Milton L. Mueller, *Ruling the root: Internet governance and the taming of cyberspace*, Cambridge, MA: MIT Press, 2002.

Murray Bookchin, "Social Ecology versus Deep Ecology, A Challenge for the Ecology Movement", http://www.ecology.gen.tr/deep-ecology/64-social-ecology-versus-deep-ecology.pdf.

Niklas Luhmann, "World Society as A Social System", *International Journal of General Systems*, 8 (3), 1982; *Social System*, Stanford, CA: Stanford University Press, 1995.

Neal Miller, "Critique and Neoliberalism in Michel Foucault", *College of Liberal Arts & Social Sciences Theses and Dissertations*, 259, 2018. https://via.library.depaul.edu/etd/259.

Ole J. Sending, *The Politics of Expertise: Competing for Authority in Global Governance*, University of Michigan Press, 2015.

Owain D. Williams & Simon Rushton, "Are the 'Good Times' Over? Looking to the Future of Global Health Governance", *Global Health Governance*, 5, 2011.

Paolo Palladino & Michael Worboys, "Science and Imperialism", *Isis*, 84 (1), 1993.

Patrick Petitjean, *Colonial Sciences: Researchers and Institution* (Volume 2), ORSTOM, 1996.

Patricia Hill Collins, *Black Feminist Thought: Knowledge, Consciousness, and the Politics of Empowerment*, Boston: Unwin Hyman, 1990.

Patti Lather, "Feminist perspective on empowering research methodologies", *Women's Studies International Forum*, 11 (6), 1988.

Paul Camic, Jean E. Rhodes & Lucy Yardley (eds.), *Qualitative Research in Psychology: Expanding Perspective in Methodology and Design*, Washington, DC: American Psychology Association, 2001.

Paul Robbins, *Political Ecology*, Malden, MA: Blackwell Publishing Ltd, 2004.

Paul Nuki, "Face Masks: Have We been Asking the Wrong Question all along?", *The Telegraph*, Apr. 1, 2020.

Paul Starr, *The Social Transformation of American Medicine: The Rise of a Sovereign Profession and the Making of a Vast Industry*, New York: Basic books, 1982.

Paul D. Williams, *Security Studies: An Introduction*, Nova Iorque: Routledge, 2008.

Paula England (eds.), *Theory on Gender/ Feminism on Theory*, New York: Aldine DeGruyter, 1993.

Peter Conrad, "Medicalization and Social Control", *Annual Review of Sociology*, 18, 1992; *Identifying Hyperactive Children: The Medicalization of Deviant Behavior*, Burlington VT: Ashgate, 2006; *The Medicalization of Society: On the Transformation of Human Conditions into Treatable Disorders*, Baltimore: Johns Hopkins University Press, 2007.

Peter Fourie & Martin Schönteich, "Africa's New Security Threat", *African Security Review*, 10 (8), 2002.

Philip E. Agre, "Real-time politics: The Internet and the political process", *The information society*, 18 (5), 2002.

Pierre Bourdieu & Loïc Wacquant, *An Invitation to Reflexive Sociology*, Chicago, IL: University of Chicago Press, 1992; "On the Cunning of Imperial Reason", *Theory, Culture & Society*, 16 (1), 1999.

Pierre Belanger & Alexander Scott Arroyo, "Logistics Islands: The Global Supply Archipelago and the Topologics of Defense", *Prism: A Journal of the Center for Complex Operations*, 3 (4), 2012.

Raewyn W. Connell, *Gender and Power: Society, the Person and Sexual Politics*, Stanford, California: University Press, 1987.

Rebecca Adler-Nissen (ed.), *Bourdieu in international relations: Rethinking key concept in IR*, London and New York: Routledge,

2013.

Richard Drayton, "Science and the European Empires", *The Journal of Imperial and Commonwealth History*, 23 (3), 1995; "Knowledge and Empire", *The Oxford History of the British Empire*, 2, 1998; "Science, Medicine, and the British Empire", *The Oxford History of the British Empire*, 5, 1999.

Robert Berkov, R., *The World Health Organization: A Study in Decentralized International Administration*, Geneva: Librairie E. Droz, 1957.

Robert D. Putnam, *Bowling alone: The collapse and revival of American community*, New York: Simon and Schuster, 2000.

Robert O. Keohane & Joseph. S. Nye, "Power and interdependence in the information age", *Foreign affairs*, 77 (5), 1998.

Robert Perks & Alistair Thomson (eds.), *Oral History Reader*, 1970.

Ronnie D. Lipschutz (ed.), *On Security*, New York: Columbia University Press, 1995.

SAMHSA (Substance Abuse and Mental Health Services Administration), "Helping Iraq Restore Its Mental Health System", *SAMHSA News*, 13 (3) (May/ June), 2005, United States Department of Health and Human Services.

Sharlene N. Hesse-Biber & Michelle L. Yaiser (eds.), *Feminist Perspectives on Social Research*, Oxford: Oxford University Press, 2004.

Shulamit, "Reinharz with the assistance of Lynn Davidman", *Feminist Methods in Social Research*, New York: Oxford University Press, 1992.

Shulasmith Firestone & Anne Koedt (eds.), *Notes from the Second Year: Women's Liberation*, New York: Radical Feminism, 1970.

Silke Trommer, E. Hannah & James Scott (eds.), *Expert Knowledge in Global Trade*, Routledge, 2016.

Simon Rushton & Jeremy Youde, *Routledge Handbook of Global Health Security*, London and New York: Routledge, 2015.

Stacy Malkan, "Gates failing green revolution in Africa", Ecologist Informed by *Nature*, 14th Aug. 2020; "Raphael Obonyo, Towards a food-secure Africa", *United Nations*, https://www.un.org/africarenewal/magazine/april-2018-july-2018/raphael-obonyo-poverty-pinnacles-power.

Stefan Elbe, *Security and Global Health: Towards the Medicalization of Security*, Cambridge and Malden: Polity Press, 2010.

Stephen R. Graubard, "Preface to the issue 'What Future for the State?'", *Daedalus*, 124 (2), 1995.

Stephan Leibfried & Michael Zürn (eds.), *Transformations of the State*, Cambridge: Cambridge University Press, 2005.

Stuart B. Levy, "Microbial Threats and the Global Society", *Emerging Infectious Diseases*, 2 (1), 1996.

Susan Greenhalgh & Jiali Li, "Engendering Productive Policy and Practice in Peasant China: for a Feminist Demography of Reproduction", *Signs*, 20 (3), 1995.

Susan Strange, "The Defective State", *Daedalus*, 124 (2), 1995.

Theodor Rosebury, *Peace or Pestilence: Biological Warfare and How to Avoid It*, New York: McGraw-Hill, 1949.

Thomas Biersteker & John Hall, *The Emergence of Private Author-*

ity in Global Governance, Cambridge: Cambridge University Press, 2002.

Talcott Parsons, "Illness and the Role of the Physician: A Sociological Perspective", *American Journal of Orthopsychiatry*, 21 (3), 1951.

Tine Hanrieder, "How Do Professions Globalize? Lessons from the Global South in US Medical Education", *International Political Sociology*, 13, 2019.

UNDP, "Human Development Report", 1994, refer to http: //hdr. undp. org/sites/default/files/reports/255/hdr_1994_ en_ complete_ nostats. pdf.

Tugba Basaran, Didier Bigo, Emmanuel – Pierre Guittet & R. B. J. Walker, *International Political Sociology*: *Transversal Lines*, London and New York: Routledge, 2017.

Tuong Vu, "Studying the State through State Formation", *World politics*, 62 (1), 2010.

Valerie Bryson, *Feminist Political Theory*, London: Palgrave Macmillan, 1992.

Vanessa Lemm & Miguel Vatter (eds.), *The Government of Life*: *Foucault*, *Biopolitics*, *and Neoliberalism*, Oxford: Oxford University Press, 2014.

Volker Rittberger & Martin Nettesheim, *Authority in the global Political Economy*, Basingstoke: Palgrave Macmillan, 2008.

Walter Lippmann, *The Good Society*, London and New York: Routledge, 2017.

Westmarland, N., "The Quantitative/Qualitative Debate and Feminist Research: A Subjective View of Objectivity", *Forum Qualita-*

tive Sozialforschung/Forum: *Qualitative Social Research* [On-line Journal], 2 (1), 2001, http: //qualitative-research.net/fqs/fqs-eng.htm.

William J. Drake and Ernest J. Wilson III, *Governing global electronic networks*: *International perspectives on policy and power*, Cambridge, Massachusetts, London, England: The MIT Press, 2008.

William H. McNeill, *Plagues and Peoples*, New York: Anchor Press, 1976.

William Walters, "The Power of Inscription: Beyond Social Construction and Deconstruction in European Integration Studies", *Millennium*: *Journal of International Studies*, 31 (1), 2002.

Wolfgang Hein, Sonja Bartsch, *Lars Kohlmorgen*, *Global Health Governance and the Fight Against HIV/AIDS*, Hampshire, UK: Palgrave Macmillan, 2007.

Xavier Guillaume and Pinar Bilgin, *Routledge Handbook of International Political Sociology*, London and New York: Routledge, 2017.

Zuleyma Tang Halpin, "Scientific objectivity and the concept of the 'Other', *Women's Studies International Form*, 12, 1989.

图书在版编目（CIP）数据

无远弗届：国际政治社会学的视野/陈雪飞著．—北京：当代世界出版社，2022.5

ISBN 978-7-5090-1563-6

Ⅰ．①无… Ⅱ．①陈… Ⅲ．①国际政治-政治社会学-研究 Ⅳ．①D5

中国版本图书馆 CIP 数据核字（2022）第 054416 号

书　　名：无远弗届：国际政治社会学的视野
出版发行：当代世界出版社
地　　址：北京市东城区地安门东大街 70-9 号
邮　　箱：ddsjchubanshe@163.com
编务电话：（010）83907528
发行电话：（010）83908410
经　　销：新华书店
印　　刷：北京中科印刷有限公司
开　　本：889 毫米×1092 毫米　1/32
印　　张：8.25
字　　数：180 千字
版　　次：2022 年 5 月第 1 版
印　　次：2022 年 5 月第 1 次
书　　号：978-7-5090-1563-6
定　　价：59.00 元
